한자구형학강좌

漢字構形學講座

著者 王　寧

譯者 洪映熙

제이앤씨
Publishing Company

한자학(漢字學)은 전통적인 소학에서 고문자학에 이르기까지, 이미 많은 연구가 이루어졌지만, 이런 연구 성과가 일반인에게 받아들여지기에는 여전히 어려움이 많다. 그래서 전통적인 소학(小學)이든 고문자학(古文字學)을 공부하든지 입문 단계에는 곤란을 겪기 마련이다.

그 원인을 깊이 살펴보면, 실제로 한자학의 기초이론이 부족하여 가장 기본적인 이론체계도 없이 초학자를 받아들이려 하기 때문이다.

1999년 우리는 한자학에 관한 기초지식 설문지를 만들어 540명의 초·중등학교 교사들을 대상으로 설문조사를 실시했다. 기초지식을 묻는 쉽고 간단한 문제들이었음에도 불구하고 평균 오답율이 68%였고, 심지어는 92%에 달하는 문항도 있었다. 그래서 우리는 기존의 연구 성과를 토대로 어떻게 하면 한자에 대한 과학적 지식을 입문단계의 사람들과 일반인에게 보급할 것인가에 대해 오랫동안 고민해왔다.

게다가 요 몇 년간 활발히 연구 중인 응용한자분야에서도, 기초이론의 부족으로 인한 문제점들이 하나둘씩 속출하기 시작하여 이러한 것들이 기초이론 설립에 대한 우리의 발걸음을 더욱 재촉했다.

나는 《나와 중국의 전통언어문자학(我和中國的傳統語言文字學)》에서, "기초 이론을 정리하는 일은 확실히 가치를 인정받기 어려운 작업으로 개별적인 현상을 대할 때, 처음에는 좀 혼란스럽지만, 일단 현상 속에 내재된 규칙을 정리해서 과학적으로 이해한 후에는, 오히려 쉽고 간단하게 설명할 수 있게 된다. 그러므로 잘 정리된 규칙은 더없이 평범하게 보여, 누구도 해독하지 못했던 글자를 해독했을 때처럼 그렇게 특이해 보이지는 않는다"라고 말한 적이 있는데, 한자구형 기초이론을 정리할 때 나 또한 이러한 과정을 거쳤다.

1985년 소전 구형체계 연구를 시작으로, 한자구형학 기초 이론을 총괄하기 시작했고, 4년 뒤인 1989년에 구형체계를 기술한 기본 응용 방법을 확립했다. 그 다음에는 기본적인 원리와 방법이 역대 각종 글자체의 한자에 적합한지를 검증하기 위한 작업에 들어갔다. 십 여명의 박사를 청해서 구형학의 술어체계와 조작순서를 이용해 "갑골문(甲骨文)·서주금문(西周金文)·춘추금문(春秋金文)·전국초백서문자(戰國楚帛書文字)·전국삼진문자(戰國三晉文字)·수호지진대고예(睡虎地秦代古隸)·마왕퇴백서문자(馬王堆帛書文字)·거연한간문자(居延漢簡文字)·동한비각문자(東漢碑刻文字)·당대비각문자(唐代碑刻文字)·송대수사문자(宋代手寫文字)" 등을 하나하나 정리하고 기술하도록 했다. 그 결과, 한자 구형의 체계성을 전제로 한 구형학 이론에 대해 더욱 확고한 신념을 갖게 되었다.

그 다음단계로 기초 원리가 응용범위에도 적합한지를 검증하는 작업이 이루어졌다. 1997년 한자구형학의 운영 방법을 컴퓨터 정보 처리에 이용하였고, 현대 한자의 부건 규범을 통해서 현대 한자 또한 체계성을 가지고 있음을 증명해냈다. 또 기초 교육의 일선에 있는 교사들을 대상으로 이론의 보편성을 검증하는 작업이 이루어졌다. 1995년 1년간 ≪중국교육신문(中國敎育報)≫〈언어문자판(言語文字版)〉에 ≪한자구형학강좌(漢字構形學講座)≫를 연재했고, 또 구형학의 가장 기본적인 내용을 북경시 초등학교 교사 자습 시험용 교재인 ≪한자한어기초(漢字漢語基礎)≫(왕녕책임편집)에 소개했다.

이 기간 중에 초·중등학교 교사들의 편지를 받았으며, 그들은 한자구형학의 기초원리를 수정보완하고 이론을 보편화시키는데 많은 도움을 주었다. 2000년 북경에서 개최된 '全國 초등학교 글자 인식 교육 연구토론회'와 홍콩에서 열린 '국제어문 교육 연구토론회'에서 신문에 연재된 ≪한자구형학강좌(漢字構形學講座)≫수정본과 ≪한자 교육원리와 각종 교육방법의 단계 적응성 및 평가(漢字敎學原理和各類敎學方法的段階適應性及評估)≫라는 제목의 발표문을 참석자들에게 배부해서 널리 의견을 구했다.

그 후 그들의 의견을 수렴해서 기존의 ≪한자구형학강좌(漢字構形學講座)≫를 수정 보완한 것이 지금 출판하는 이 책이다. 이 책을 출판하는 목적은 전공자들이 교육하는데 있어서 편리하게 하기 위한 것이다.

이 ≪한자구형학강좌(漢字構形學講座)≫는 ≪중국교육신문(中國敎育報)≫에 연재된 내용을 기초로 여러 차례 수정 보완 한 것으로, 최소한의 지면으로 한자 교육에 필요한 기초 이론을 응축하여, 한자 기초이론을 쉽고 간단하게 보급하고자 하였으나, 한자 문제와 관련된 내용을 선별하는데 어려움이 많았고, 간단하게 쓰다 보니 제대로 언급하지 못했거나 누락된 부분도 적지 않다. 그러므로 이러한 내용은 ≪한자구형학도론(漢字構形學導論)≫이 출판될 때 다시 언급하고자 한다.

기초 교육 일선에서 수고하시는 많은 선생님들께 다시 한번 감사드린다. 그 분들은 1995년부터 지금까지 한자구형학을 한자 교육과 연계하는 모든 과정에 큰 도움을 주셨으며, 그들의 세심한 지적으로 ≪한자구형학강좌(漢字構形學講座)≫가 당시 ≪중국교육신문(中國敎育報)≫에 연재된 2만 1천자에서 지금의 5만 자로 늘어난 계기가 되었다.

끝으로, 우리의 이러한 노력으로 더욱 더 많은 사람들이 한자학 기초 이론 탐구에 힘을 기울여, 기초 이론 교육 현장에서 더욱 유용하게 쓰일 수 있기를 바란다.

2001년 9월

왕 녕

≪한자구형학강좌(漢字構形學講座)≫
한글번역본을 내면서

왕 녕

한자구형학은 역대 한자 구형규율로부터 종합해 낸 한자구형기초 이론과 이 기초이론에 의해 확립된 한자 정리의 기본활용규칙이다. 이 책의 "서문"에서 이미 책을 쓰려던 초심과 완성된 과정을 설명했으며, 편폭이 적은 이 책에 담긴 사상은 오랜 세월을 거쳐 얻어진 것으로, 원리와 규칙 또한 역대 한자를 정리하면서 검증하고 완성된 것이다. 이는 이미 머리말에서 언급한 적이 있으므로, 여기서 다시 언급하지 않겠다.

≪한자구형학강좌≫의 한국어판을 출판할 때 나는 독자들에게 한자학 기초이론을 보다 더 완벽하게 만들고 응용하는 과정에서, 몇 명의 한국학생과 함께 연구한 상황을 언급하고 싶다.

우리 과에서 제일 처음 한자학을 배운 曹永花는 대만에서 석사논문으로 ≪集韻≫의 "古文"을 연구한 후 ≪西周金文構形系統研究≫라는 과제를 맡았다.

曹永花 이전에는 설사 중국학생이라고 해도, 단지 한자구형학 이론을 활용하여 許愼이 정리한 小篆을 분석할 뿐이었는데, 曹永花는 처음으로 실제 銘文의 자형을 취해 古文字 구형체계를 전체적으로 기술해냈다. 또 당시에는 참고할 만한 자료도 많지 않고, 컴퓨터로 古文字를 처리할 수도 없었으므로, 구형학 조작순서에 맞춰 매우 힘들게 한 글자 한 글자 카드에 정리하여 수집해 字形表를 만들어서 글자의 구형을 분석할 수밖에 없었다. 박사논문 답변 때 많은 전문가들은 한국유학생으로서 이 과제를 맡아 완성한다는 것 자체가 너무 힘든 일이었을 거라고 할 정도였다.

바로 다음으로 韓延錫과 宋珉映이 들어왔고, 들어오자마자 출토문자 한자구형연구 프로젝트를 맡았다. 나는 그들에게 : 출토문자 한자구형의 과제를 완수하기 위해서, 이곳에서 이론을 배우고, 또 전반적으로 자료를 수집하고 정리도 해야 한다. 글자마다 이미 해석이 완료된 글자는 이해하고 인식하며 분석하고, 이견이 있는 글자는 다시 판별하여 분석해야 하므로, 매우 어렵고 힘들다. 좀 쉬운 난이도의 과제를 택하지 않겠냐고 했더니, 그들은 어려운 것을 무릅쓰고서라도 하겠다고 대답했다. 韓延錫은 《居延新簡》을 연구했는데, 자료 수집에 뛰어났으며, 그의 방사면 벽은 모두 목판으로 만든 책꽂이로, 각종 문자학과 언어학 책들로 빈틈이 없이 꽉 채워져 있었다. 중국어를 열심히 익히기 위해, 수업을 들으며, 많은 중국학생들을 찾아 개인 교습도 하였으며, 박사논문도 여러 차례 고쳐나갔는데, 내게 낸 논문 초고만 해도 세 부나 된다. 宋珉映은 뛰어난 중국어 실력과 언어학습능력을 갖추고 있어, 듣고 말하고 읽고 쓰는 것 모두 이미 남달랐지만, 그녀가 맡은 과제가 秦나라 때의 古隷와 ≪說文≫小篆 비교이므로, 소전과 隷書가 섞여 있는 睡虎地竹簡을 분석해야 할 뿐 만아니라, ≪說文≫을 또 다시 배워야 했다. 說文學은 나의 스승이신 陸宗達 선생님께서 특히 잘 하시는 과목이었다. 陸宗達 선생님의 ≪說文解字通論≫은 80년대 이미 한국어로 번역되었으나, 宋珉映에게 한국어의 ≪說文解字通論≫이 아니라, 段玉裁의 ≪說文解字注≫와 徐鉉의 ≪說文≫본문을 직접 읽으라고 하여, 많은 두 종류의 글자체를 모두 열심히 읽었다. 그녀의 논문은 ≪睡虎地秦隷≫를 정리해 냈을 뿐만 아니라, ≪說文≫學에 있어서도 또한 새로운 성과를 거두었다. 이번에 한국어 번역에 가장 많이 노력한 洪暎熙는 바로 이 무렵 입학했는데, 이 즈음 우리 학과에서는 漢字學에 대한 더 높은 수준의 논문을 요구하게 되었다. 그것은 文本文字를 정리해야 할 뿐 만 아니라, 구형체계를 기술하고, 또 자신이 정리한 한자를 컴퓨터 字形表에 수록해야만 했다. 이 새로운 기점에서 나는 洪暎熙를 중국학생들과 함께 세밀하고 힘든 작업에 참가시켰다. 그녀는 내가 데리고 있던 학생 중에 매우 착실하고 열심히 공부한 학생으로, 수업할 때는 매우 말이 적었지만, 매번 나를 찾아올 때면 많은 문제를 가지고 왔고, 하나하나 매우 상세히 물었다. 질문한 내용의 깊이와 난이도와 정리한 문제를 통해서 나는 이러한 모든 문제를 본인이 끊임없이 찾고, 또 생각한 끝에, 정말로 해결하기 힘들었으므로 의견을 제시한 것임을 느낄 수 있었다. 그녀는 ≪居延漢簡≫을 포함한 수 많은 글자체와 다른 漢나라 때의 隷書와 章草體 하나 하나를 컴퓨터에 스캔하고, 다시 文本에서 하나하나 잘라내어 같은 것과 틀린 것을 식별하여, 컴퓨터에 글꼴 파일을 만들었으며, 異構字와 異寫字를 정리해서 그 체계를 기술해냈다. 이러한 작업에 정말로 심혈을 기울였을 뿐 만 아니라, 같은 것과 틀린 것을 식별하는 정확성은 좀처럼 보기 힘든 것이므로, 그녀의 논문에는 자신의 고생을 고스란히 담고 있지만, 분명히 기쁨도 함께 담고 있을 것이다. 李鏡淑은 최근에 학위를 받아 귀국한 한국유학생으로 여기 오기 전에 이미 〈高麗大藏經異體字典〉의 편찬에 참가한 적이 있는 학생으로서, 문자정리의 기본실력을 갖추고 있으며, 금방 이곳에 왔을 때 많이 힘들었지만, 나는 그녀의 의지력에 마음을 놓고 고대한어 수업을 보강하도록 지시했다. 내가 실험반 학생들에게 고대한어 수업을 할 때도 이미 성적이 필요하지 않은데도 와서 또 일년을 들었는데, 그때가 마침 논문을 써야하는 긴장된 시기이기도 했다. 그녀는 ≪漢字構形學講座≫와 ≪漢字學概要≫를 몇 번이나 읽었는지 모른다. 그녀가 한자학 이론 개념을 외우는 것은 결코 어렵지 않지만, 정말로 어려운 것은, 어떻게 이러한 개념을 잘 이해하여, 구체적인 자료로 처리하는가가 문제였다. 그녀가 진정으로 이러한 이론과 개념을 시작으로 한자구형체계를 확립하기를 기대하며, 한 편 한 편 논문을 고치도록 하였다.

초고가 완성된 후에 살펴보니, 개념을 매우 정확하게 이용했을 뿐만 아니라, 또한 내가 대화할 때만 언급하고 아직 책에는 쓰지 않은 많은 원리에 주의를 기울이기까지 했다. 우리 학교에서 가장 오랜 기간 동안 공부하고 연구한 학생이 바로 金億燮이다.

그는 5년이라는 세월을 일하면서 공부했다. 장기간 중국에 있으므로, 중국어 실력이 매우 뛰어났으며, 고문의 기초 또한 잘 다져졌다.

그는 ≪淸代民間應用文體手寫漢字硏究≫라는 과제를 맡았는데, 이 논문을 완성하기 위해서는, 민간에서 사용하는 글자를 정리해야 하고 민간에서 사용한 글자와 또한 궁중에서 사용한 글자를 비교해야만 했는데, 자료수집이 가장 어렵기 때문에 나는 걱정이 되어 손에 땀이 날 정도였다. 그러나 오래지 않아 그는 淸代徽州文契－ 손으로 쓴 地契·房契·賣身契 같은 시대의 宮庭奏折을 복사해서 가지고 왔다. 사실 자료수집은 단지 이 논문의 시작에 불과하지만, 그렇게 규칙없이 민간에서 손으로 쓴 글자와 능수능란한 宮庭實用漢字를 비교해야 한다는 것이 그에겐 정말 힘든 작업이었을 것이다. 학업을 마치고 돌아갈 준비를 할 때쯤, 우리 모두 그가 마치 마라톤을 끝까지 완주한 것과 같다고 느낄 정도였다.

1989년 曹永花가 입학해서 2002년 金億燮과 李鏡淑이 귀국할 때까지 모두 13년의 세월! 한자 구형체계의 연구를 언급할 때마다, 나는 그들과 함께 했던 정경이 떠오른다. 중국문화를 널리 알리고, 한국의 문화를 세울 신성한 사명을 지니고 이 땅에서 공부하고 연구한 그들, 우리에게 한국의 학술 정보를 알게 해주었고, 우리는 그들을 통해 한국의 각기 다른 시대에 사용했던 한국의 한자 자형표(字形表)와 한학독본(漢學讀本)도 보았다. 또한 보기 힘든 ≪高麗大藏經≫과 한국에서 소장하고 있는 ≪龍龕手鑒≫ ≪一切經音義≫의 판본도 보았다. 그들은 중한 양국문화와 학술교류의 교량자이자 사절이라고 할 수 있습니다.

내 머리 속에는 가끔 이미 귀국하여 일하고 있는 한국학생들의 낯익은 모습들이 떠오른다. 그들은 엄격한 요구와 책망 이후에 진심에서 우러나온 안도와 격려, 논문이 제대로 안되어 어떤 때는 애가 타기도 했지만, 좋은 논문이라고 평가를 받은 후에 오는 기쁨 모두를 포함해서 내게 아주 많은 아름다운 기억들을 남겼습니다.

우리 북경사대에서는 학문에 있어서 국적을 불문하고, 사제지간이나, 중국학생과 한국유학생 모두 한자학(漢字學)이라는 공통 언어를 통해서, 또한 매년 답변 후에 한국의 불고기와 중국의 오리고기를 함께 먹으면서 더욱 더 두터운 정을 확고히 다지고 있습니다.

지금 나는 우리 한국유학생들이 양국의 교량과 사자 역할을 하는 것과, 김근 선생님이 나의 스승이신 陸宗達 선생님의 《說文解字通論》을 번역한지 34년 후에, 洪映熙가 《한자구형학강좌(漢字構形學講座)》를 한국어로 번역하여 같은 길을 가는 학자들에게 소개하는 것을 너무나도 기쁘게 지켜보고 있다. 오래지 않아 한국의 언어문자 연구성과가 중국어로 번역되어, 우리에게 소개될 수 있을 것이라고 생각한다.

이 번역서들이 중국과 한국 두 나라가 가까운 지역의 이웃 일뿐만 아니라, 문화의 절친한 친구임을 알 수 있게 해줄 것이다.

2004년 3월 25일

싱가폴에서

韓譯 ≪漢字構形學講座≫序

王　寧

≪漢字構形學≫是從歷代漢字構形規律中總結出來的漢字構形基础理論和根据這些基础理論确立的整理漢字的基本操作規則。在這本書的"前言"中我已經說明了這本書寫作的初衷和完成的始末，這部篇幅不大的書所包含的思想，是經過多年的思考漸漸成熟起來的，其中的原理和規則，又是經過歷代漢字整理的實現檢驗過和完善起來的。這些已經在"前言"中說過的話，這裏就不重復了。

在 ≪漢字構形講座≫韓譯本出版的時候，我最想告訴讀者的是，在漢字學基础理論充實完善和運用過程中，我的幾位韓國學生和我們一起研究和工作的情況。

最早到我們學科點學習漢字學的曹永花君，在臺灣的碩士論文是研究≪集韻≫的"古文"，後來她承担了≪西周金文構形系統研究≫的課題，在她之前，即使是中國學生，也還只是運用漢字構形學理論窮盡地分析了經過許愼整理的小篆, 她是第一次從實際的銘文中擷取字形, 對古文字的構形係統進行全面的描寫, 因此能够借鑒的資料不是很多, 而且我們當時還沒有做到用電腦處理古文字她是非常艱苦地按照構形學的操作程序, 一個字一個字在卡片上列出了每個搜集到的字形, 作成了字表, 又分析了每個字的構形。

在他答辯的時候, 許多專家都說, 讓一位韓國留學生來完成這個任務, 是太難爲她了。緊接着進入我們學科點的韓延錫君和宋珉映君, 漢字構形的題目, 在我們這裏旣要求承担出土漢字構形學研究的課題。我告訴他們完成出土漢字構形的題目, 在我們這裏要學習理論, 又要全面搜集和整理材料, 每一個已釋字都要認讀, 分析, 有分歧意見的還要考慮辯析取舍, 難度比較大, 也很辛苦。我問他們要不要改換難度稍微小的課題, 但他們都愿意和難而上。

韓延錫研究居延新簡, 他的特點是善于收集材料, 我到他住的房間, 看到他四面的墻壁都用木板搭起書架, 各種文字學和語言學的書擺得一點縫都沒有。爲了學好漢語, 他一遍一遍聽課, 找許多中國同學輔導, 博士論文一遍一遍地改, 光我這裏就存了他定稿以前的三鐘草搞。

宋珉映君的漢語水平可以達到甲等, 她有很高的學習語言的能力, 聽說讀寫都很過關, 但她的題目涉及秦代的古隷與 ≪說文≫小篆的比較, 旣要面對篆隷參半的睡虎地竹簡, 又要重新在我們這裏學習 ≪說文≫。≪說文≫學是我的老師陸宗達先生最專長的一門學問。陸先生的 ≪說文解字通論≫, 而是要她參考段玉裁的 ≪說文解字注≫直接讀徐鉉的 ≪說文≫白文, 這樣多的兩種字體的漢字, 她都認眞讀完了。她的論文不但整理了睡虎地秦隷, 而且對 ≪說文≫學也有創獲。到這次翻譯出力最多的洪映熙君入學，我們學科點已經對漢字學論文有了更進一步的要求，那就是不但要求整理文本文字，描寫構形系統，還要求作出自己處理過的漢字電腦的原形字庫。

洪映熙就處在這個新的起點上，她和我的中國學生一起投入了這個細致又費時費力的工作。她是到帶過的學生中十分踏實又十分用功的，課堂上她很少說話，每次來我這裏一定是積累了很多問題，一個一個都問得那樣清楚，我知道，這些問題都是她查了又查，想了又想，實在解決不了才提出的。她把包括居延漢簡在內的那麼多字體不同的漢代隸書和章草一個個掃描進電腦，再一個個從文本上切下來，認同別異作成字形庫，整理出異構字和異寫字，描寫他們的係統，這種工作不但付出了許許多多心血，而且難得的是認同別異的准確，她的論文記錄了她的辛苦，但也應記錄了她豐收的歡樂。

李鏡淑君是最近才獲得學位回國的韓國的留學生，來以前，她參與過《高麗大藏經異體字典》的編寫工作，有較好的文字整理基本功，但她的毅力使我非常欣慰，我指定她補古代漢語課，到我給實驗班上古代漢語，她已經不需要成績了，又來聽了一年，而且正是她作論文的緊張時刻。《漢字構形學講座》和《漢字學概要》，她不知讀了多少次。對她來說，漢字學的理論概念背一背定義并不難，難的是眞正弄懂這些概念并用他們來處理具體的材料。我一遍一遍要求她修改論文，就是希望她眞正能從理論概念出發樹立起漢字構形係統的觀念。等他的初搞完成，不但概念使用非常准確，而且她還注意到了好多我沒有寫進書中但在談話中經常提到的原理。

在我們這裏學習和研究時間最長的要算金亿燮君，他一邊工作，一邊學習, 前後有五年之久。因爲長期在中國, 他的漢語十分熟練, 古文的底子也很好。他承担了 《清代民間應用文體手寫漢字研究》的題目, 這個題目不但要整理民間用字, 而且要把民間用字和宮廷用字作一個比較, 要達到這個目標, 資料收集是最難的, 我爲他捏了一把汗。但是, 不久,他就拿來了復印好的清代徽州文契----眞正手寫的地契, 房契, 賣身契, 還有同時代的宮廷奏折。其實, 材料搜集也只是這个題目的一個開端, 對付那些沒有規矩的民間手寫字和熟練已極的宮廷實用字, 也帶給他許多困難, 當他完成學業准備回國的時候, 我們都覺得他好像馬拉松跑到了終點。

從1989年曹永花君入學, 到2002年金亿燮君, 李鏡淑君回國, 前前後後13年了!

每每提到漢字構形係統的研究, 常常想起他們和我們一起工作的情景。他們帶着傳播中國文化和建設自己祖國文化的神聖使命在這裏學習和研究, 也給我們帶來了韓國的學術信息, 我們從他們那裏看到了韓國不同時代曾經使用過的漢字字表, 看到了韓國的漢學讀本, 看到了難得一見的 《高麗大藏經》和韓國所藏的《龍龕手鑒》, 《一切經音義》版本。他們應該成爲中韓兩國文化和學術交流的橋梁和使者。

我的腦子裏常常涌現這些已經回國工作的韓國留學生熟悉的面容, 他們留給我太多的美好回憶:包括那些嚴厲地要求和責難之後又由衷的安慰和鼓勵, 那些爲論文不能成形而有的焦灼和論文得到好評後產生的欣喜。在我們這裏, 學問沒有國籍, 師生之間, 中國學生和韓國留學生之間結成的深厚友誼, 伴隨着漢字學的共同語言, 也伴隨着每年答辯後共享的韓國燒烤和中國的烤鴨, 是熱情而凝固的。

現在, 我欣喜地看到, 在金槿先生將我的老師陸宗達先生所寫的 ≪說文解字通論≫翻譯成韓文34年後, 由洪映熙君來, 把我們的 ≪漢字構形學講座≫譯成了韓文, 介紹給韓國的同道和同行;我想, 不久, 他們也會把韓國的語言文字研究成果譯成中文, 介紹給我們。這些互譯的論著讓我們看到, 中國和韓國這兩個國家, 不僅是地域的緊鄰, 而且是文化的知交。

2004年 3月 25日

寫成于新加坡

한자구형학강좌

역자서문

　처음 구형학이란 학문을 접한 것은 내가 석사를 마칠 무렵 북경사대 박사반 시험을 준비하면서였다. 그때까지만 해도 한자 분석법으로 육서법에 익숙한 나에게 구형학이란 단어는 너무 생소하게만 느껴졌다. 특히 한자를 분석하면서 하나하나 분해한다는 방법자체가 어떤 다른 분석법과는 달리 색다르게 느껴졌다.

　그렇게 처음 구형학을 접하고 박사반에 들어가자마자 본격적으로 배우기 시작한 구형학 이론은 그 이후 문자학을 공부하는 내게 여러 방면으로 많은 새로운 인식을 심어주기에 충분했다.

　그렇게 3년간의 박사기간동안 이론을 익히자마자 논문에 적용시키느라 시간이 많이 모자랐지만, 외국 학생으로서 구형학 이론으로 논문의 한 프로젝트를 맡아서 무사히 나에게 주어진 임무를 마칠 수 있어서 내심 매우 기뻤다.

　지금까지 북경사대에서 구형학 이론으로 이미 완성된 박사논문만 하더라도 1990년 이국영(李國英)교수님의 소전 형성자(小篆形聲字)를 비롯해서, 1997년 이운부(李運富)교수님의 초간백구형문자(楚簡帛構形文字) 그리고 2000년에 완성된 갑골문(甲骨文)·송대해서각반(宋代

楷書刻版)·五國文字(楚문자와 秦문자를 제외한) 및 居延漢簡의 문자
구형 계통연구에 이르기까지 모두 20여 편에 이른다. 이중에는 이미
단행본으로 나와 있는 것 외에도 2006년까지 여덟 편의 논문이 상해교
육출판사에서 출판되었고, 앞으로도 몇 권의 책이 더 출판될 예정이다.

이처럼 구형학 이론은 중국에서 이미 박사논문을 수십 편이나 내
고, 글자 인식 교육이론으로서 한자교육에 있어서도 많은 역할을 담
당하며, 이미 널리 많은 사람들에게 가치를 인정받고 있는데 비해, 우
리나라에서는 번역본조차 없는 것이 매우 아쉬워 하루라도 빨리 구형
학 이론을 보급해야겠다는 생각에서 번역본을 내게 되었다.

이번 번역본을 내면서도 내심 마음이 놓이지 않은 것은 행여 지도
교수님 같은 대학자의 저서를 잘못번역하지나 않을까 가장 많이 걱정
이 되었으며, 무엇보다도 술어문제에 있어서 많은 문제점이 나타나므
로, 이것은 출판 후에도 여러분들의 많은 지적을 기초로 다시 출판 할
때 수정하고자 합니다. 불편한 몸으로도 이번 출판에 많은 도움을 주
신 제이앤씨 윤석현 사장님을 비롯하여, 조언을 해주신 북경사범대학
문자학 전공 동학 및 선후배님들(김억섭선생님, 이우철선생님, 이경숙
선생님)에게도 깊은 감사를 드립니다. 아울러, 원고의 곳곳을 교정해주
신 나의 든든한 동학이자 친구인 정연실 선생님에게도 깊은 감사를
드립니다.

2009년 7월
역자 홍영희

한자구형학강좌

한자구형학강좌

이 책을 번역함에 있어 가장 문제가 되는 것이 술어문제다.

1. **구형학(構形學)** 자체를 형체구성학으로 풀어서 써야한다는 의견도 있
   었지만, 그렇게 되면 뒤에 나오는 구형(構形)과 구의(構意)라는 단어
   도 모두 풀어서 써야하는데 구형(構形)과 구의(構意)가 다른 문장에서
   형체를 구성한다 혹은 의미를 구성한다로 한다면 번역상 문제가 많으
   므로, 원래의 술어에 따라 구형학(構形學), 구형(構形), 구의(構意)
   라고 했음을 밝혀둔다.
2. 원서에서 나타나는 몇 가지 편집상의 오류는 역자 본인이 저자의 양
   해를 얻어 정정하였다.
3. 나머지 구형학 이론에서 나오는 술어는 아래 술어표를 참고하길 바
   란다.

║ 述語表 ║

1. **구건(構件)** : 부건(部件)이라고도 하며, 의미를 구성하는 기능을 가지
   고 있는 한자의 형체구성 단위

2. 구형이거(構形理據) : 엄밀히 말하면, 구형이거란 글자의 형체를 구성하고 있는 이치적인 근거라고 풀이할 수 있으며, 이러한 형체자체가 어떻게 글자를 만든 의도를 지니고 있는지, 어떠한 의미 정보를 지니고 있으며 어떤 수단으로 비슷한 글자나 같은 종류의 글자를 구별하는지 알 수 있는 것을 말한다.

3. 구형(構形)모델 : 한자구형모델은 직접 구건의 기능이 결합된 형식을 말한다. 구형모델의 판정은 직접구건 기능의 결합이 중심이 된다. 한자 구건의 기능체계는 시대가 달라짐에 따라 바뀌므로, 역사적 시기가 다른 한자체계는 구형모델도 다르다. 예를 들면 小篆의 구형모델은 11종류이며, 해서의 구형모델은 7종류이다.

4. 구형속성(構形屬性) : 어떤 글자의 속성을 말한다는 것은, 이 글자의 형체를 말하는 것으로, 이 속성이 어떻게 의미를 구성하는지 혹은 그 의미와 연관된 글자를 구별하는 것이다.

한자의 구형속성이란 기초 구건의 기능및 구형의 평면구조와 등급구조·구형모델·한자자형의 배치등 모두 포함한다.

5. 기초구건과 복합구건(基礎構件과 複合構件) : 기초 구건은 가장 작으면서 구의(構意) 기능을 갖추고 있는 구형단위이다. 소위 가장 작은 것의 의미는 필획까지 분해하면 안 된다는 것으로, 구형학에선 뜻을 가지고 있는 최소단위까지만 분해한다. 복합 구건은 다음단계에서 분해가 가능한 구건을 말한다.

예를 들어 "灝"자는 처음 단계에서 "氵"와 "顥"로 분해한다. 그러면 "顥"는 다시 "景"과 "頁"로 분해하고, 景은 다시 "日"과 "京"으로 분해된다. 그러므로 "氵·頁·日·京"은 기초구건이고, "景"은 다시 분해가 되므로 복합구건이 된다.

6. 기호구건(記號構件) : 기호 구건은 구형학 이론을 응용하는 과정에서 동한비예(東漢碑隷)를 맡은 진숙매(陳淑梅)가 창안해낸 구건이다. 예

변(隷變) 과정에서 어떤 글자는 필획이 점착되어 합쳐진 구건을 말한다. 예를 들면 : "奏·春·秦·奉"이 네 글자들의 위 부분은 예변(隷變) 과정에서 이미 구형의 이치적 근거가 상실되었으므로 기호 구건에 해당된다.

7. **성자구건과 비자구건(成字構件과 非字構件)** : 어휘를 기록하는 부호에서 바뀐 것으로, 독립된 의미로 글자를 구성할 수 있는 구건을 성자구건(成字構件)이라고 한다. 비자구건(非字構件)은 다른 구건에 부속되어서 사용될 수는 있어도 스스로 의미를 구성할 수 없는 구건이다.

8. **시음(示音)기능** : 구건이 한 어휘를 기록할 때 소리를 표시하는 기능을 말한다.

9. **이구자(異構字)** : 이구자와 이사자는 공시적(共時的)입장에서 밝힌 문자의 차이로 이구자(異構字)는 소리와 의미는 같은 기능으로 구형 속성에 차이가 있는 글자를 말하며 같은 기능의 글자군으로 전통문자학에서 얘기하는 이체자(異體字)의 개념이다.

10. **이사자(異寫字)** : 이사자(異寫字)는 글자를 이루는 속성과 이치적 근거는 모두 같지만, 단지 서사요소나 형체의 차이로 생긴 글자이다.

11. **직접구건과 간접구건(直接構件과 間接構件)** : 직접구건(直接構件)은 자형을 일차적으로 분해하여 얻은 결과를 말하며, 글자가 형체를 구성하는데 있어서 이치적 근거에 직접적으로 영향을 미친다.

간접구건(間接構件)은 직접구건(直接構件)을 다시 분해하여 자형의 구형근거가 직접적인 구건에는 영향을 미치지 않는다.

예를 들면 : "源"자를 일차적으로 분해하면 "氵"와 "原"으로 되는데, 이 "氵"와 "原"은 "源"자의 직접구건(直接構件)이 된다.

"原"자를 다시 분해하면 "厂·白·小" 이것은 모두 "源"자의 간접구건으로, "源"자의 구형이거(構形理據)에 직접적으로 영향을 미치지 못한다.

12. 평면결합과 단계결합(平面結合과 層次結合) : 한자가 결합하는 유형은 두 가지로, 하나는 평면결합으로 한 글자에서 여러 개의 구건이 글자의 의미를 알 수 있도록 일차적으로 한 번에 결합된 것을 말한다. 예를 들어 "解"자는 "刀·牛·角"자의 세 가지 구건은 한 번에 결합된 평면결합의 전형적인 예이다.

　단계결합(層次結合)은 가장 작은 기초 구건부터 시작하여 단계적으로 한 층 한 층 이루어지는 구조를 단계결합(層次結合)이라 하는데, 한자는 갑골문 단계에는 일차적으로 한 번에 결합되는 평면결합이 많다가 점차 후대로 오면서 대부분의 한자는 단계결합이 많아지게 된다.

13. 표시(標示)기능 : 한자 구건의 주요기능에서 글자를 만들 수 있는 성자구건(成字構件)과 글자를 이루지 못하는 비자구건(非字構件)이 있는 것으로, 구별이나 지시를 일으키는 작용을 하므로, 표시(標示)기능이라 하는데, 예를 들면 "刃"자는 성자구건인 "刀"자에 비자구건인 "丶"가 표시역할을 한다. "本"자는 성자구건인 "木"자에 비자구건인 "一"자가 표시역할을 한다. 그러므로 "丶"나 "一"자는 "刃"자와 "本"자의 標示구건이 된다.

14. 표의(表義)기능 : 구건이 어휘를 만들 때 의미를 나타내는 구건을 표의구건이라고 한다.

15. 표형(表形)기능 : 구건이 물체와 같거나 그것과 비슷한 직관으로 구의(構意)를 나타내는 기능을 말한다.

16. 필획(筆劃) : 해서체(楷書體) 한자자형의 가장 작은 획의 단위. 구형학에서는 필획을 분해하진 않고, 필획이라도 구의(構意)를 가지고 있는 최소단위까지만 분해한다.

17. 형소(形素) : 한자의 기본 구형요소로 뜻을 구성하는 기능을 갖춘 가장 작은 더 이상 분해할 수 없는 구형단위이다.

18. 형위(形位) : 형소(形素)는 구체적인 자형에서 분해 된 가장 작은 뜻

을 가지고 있는 구형요소로, 같은 형소(形素)라도 자형에 따라서 구형요소가 다를 수 있다.

　글자부호를 하나하나 이치적 근거에 따라 귀납하고 구별한 후에, 한자의 구형체계가 얼마나 구의를 구별할 수 있는 가장 작은 구형단위를 갖추고 있는지를 조사하기 편리하게 하기 위해 분석한 것을 형위(形位)라고 한다.

한자구형학강좌

제1강

한자(漢字)의 성질(性質)

한자구형학강좌

한자**구형학**강좌

제1강
한자(漢字)의 성질(性質)

만약 신석기 시대(新石器時代) 앙소문화(仰韶文化) 초기를 한자 기원의 상한선으로 본다면, 한자는 이미 6천년의 발전역사를 가지고 있으며, 은상갑골문(殷商甲骨文)으로 계산하더라도 3천 6백 년간 끊임없이 발전해왔다. 한자는 중화민족의 역사와 찬란하게 빛나는 중화 문화를 기록하였고, 방언의 차이에도 불구하고, 오랜 세월동안 수많은 사람들이 서로의 생각을 나눌 수 있게 그 역할을 해오고 있으며, 전각(篆刻)·서법(書法) 등 세계 제 일류의 예술을 꽃피웠고, 현대에는 다양한 방식으로 현대화 정보처리 문제를 해결하며, 컴퓨터 대열로 들어서며 고도의 과학 기술의 도전을 받아들여 중국문화의 초석이 되었다.

한자의 형체구성 즉 구형(構形)문제를 언급하기 전에, 먼저 한자(漢字)의 성질(性質)에 대해 명확히 설명해야 한다. 왜냐하면, 다른 성질의 문자는 구형의 근거가 달라지며, 글자와 글자의 관계도 달라지고 개별 글자의 구형(構形)과 구형체계(構形體係)를 분석하는 방법까지도 완전

히 달라지기 때문이다. 한자 성질에 대한 명확한 인식이 없다면, 한자
의 구형(構形)문제를 설명할 방법이 없다. 문자의 성질은 다음 세 가지
원칙에 의거해서 기술되어야 한다.

첫째, 문자는 언어를 기록하는 것이므로, 문자 구형(構形)은 반드시
언어와 연관되어 설명되어야만 언어를 전달하는 매개체 역할을 할 수
있다. 그러므로 우선 문자의 형체와 언어가 어떻게 관련되어 있는지에
따라 문자의 성질이 정해진다.

둘째, 문자는 문자 나름의 변천과정이 있는데, 어떤 문자 - 예를 들
어 한자 역시 오랜 발전 역사를 지니고 있다. 문자의 성질을 논하려면
이러한 문자 발전의 모든 과정을 고찰해야 하는데, 즉 문자의 발전과
정에서 성질 변화가 있었는지의 여부를 살펴야만 한다. 한자의 성질을
고찰하려면, 갑골문(甲骨文)을 시작으로 양주금문(兩周金文)·진대소전
(秦代小篆)을 거쳐 예변(隸變)·해서(楷書)에 이르기까지, 지금까지 성
질이 근본적으로 변화했는지 혹은 변화하는 추세에 있는지를 고찰해
야만 한다.

셋째, 문자는 고립된 부호가 아니라, 전체적으로 체계를 이루고 있으
며, 이것은 일정한 구별 원칙과 조합방법에 따라 결합되어진 체계이
다. 그러므로 문자의 성질을 논하려면, 먼저 전체 체계를 살펴야하며,
개별적인 글자나 부호에 얽매이면 안 된다.

첫 번째 원칙에 의하면, 세계 모든 문자는 두 종류의 체계로 나뉜다.
페르디낭·드·소쉬르에 의하면, 세계에는 "두 종류의 문자 체계가 있
는데 : (1)하나는 표의문자체계(表意文字體係)이다. 단지 하나의 부호로
어휘를 표시하고, 이 부호는 어휘를 구성하는 소리에 의해 결정되는

것은 아니다. 이 부호는 모든 어휘와 연관이 있으므로, 간접적으로 어휘가 나타내는 의미와 연관이 있기 때문이다. 표의문자체계의 대표적인 예가 바로 한자이다. (2)다른 하나는 통상적으로 말하는 표음문자체계(表音文字體係)이다. 표음문자는 어휘의 '소리'를 모방해서 기록한 것이다. 표음문자는 음절을 기록하기도 하고, 자모를 기록하기도 하는데, 음절이나 자모는 더 이상 줄일 수 없는 언어를 구성하는 기초 요소이다.[1]

우리가 여기서 소쉬르의 견해를 인용한 것은, 근본적인 원칙에 있어서 우리의 의견과 일치하기 때문이다, 그는 문자의 본질이 언어를 기록한다는 점에서 출발하여 세계 문자를 크게 두 가지 체계로 분류했다. 입말 언어는 '소리'와 '의미' 두 가지 요소로 언어를 기록하는 문자로 단지 그 중에서 하나의 요소만 형체구성의 근거로 선택할 수밖에 없다. 그러므로, 문자 형체가 직접적으로 표시하는 정보는 '의미'이던가 '소리'일 수밖에 없다. 세계문자체계의 양분법은 곧 문자가 형체를 구성하는 근거에 의해 결정되는 것이다.

이러한 원칙에 따르면, 한자는 표의문자체계(表意文字體係)에 속한다. 한자 구형의 가장 큰 특징은 한자는 한어에서 어떤 어휘와 상응하

---

1) ≪普通言語學敎程≫(高名凱번역 50-51쪽)에 "어떤 경우에는 자모이다(有時是字母的)는 구절은 高名凱의 번역을 그대로 인용한 것인데, "어떤 경우에는 자모가 음소를 기록한다(有時是由字母表示音素的)"로 이해해야 한다. "그리고 이러한 부호는 어휘가 구성하는 소리에 의해 결정되는 것이 아니다"라는 한 구절에서 高名凱의 원래 번역은 "오히려 어휘와 구성되는 소리와는 무관하다."는 것이고, 伍鐵平은 프랑스의 원문에 근거하여 교정하였다. 여기에는 伍鐵平의 교정본에 근거하여 인용하였다.

는 의미에 의해 형체를 구성한다는 것이다. 그러므로 한자의 형체는 항상 분석 가능한 의미 정보를 내포하고 있다. 역대 한자의 구형체계를 고찰해보면, 공시적(共時的)인 한자의 모든 체계가 표의 원칙에 의해 유지된 것을 알 수 있다. 한자와 영문을 비교해보면, 구형 근거의 차이를 확실하게 깨달을 수 있다. 예를 들어, 영어의 'book'은 '책'을 의미하는 소리로 이 어휘의 매개체 역할을 하는 것이고, 한어의 '冊'은 가죽 끈으로 죽간을 엮은 형상을 '책'이라는 의미로 이 어휘의 매개체가 되었다.

그러나 이 두 종류의 문자는 언어를 기록하는 기능면에서, 모두 언어의 매개체로, 소리와 의미는 언어의 양대 요소로, 표음문자(表音文字)라고 해서 '소리'만 기록하고 '의미'와는 무관하고, 표의문자(表意文字)라고 해서 '의미'만 기록하고 '소리'와 무관한 것이 아니다. 즉 언어를 기록하는 단어의 기능면에서, 표의문자(表意文字)와 표음문자(表音文字)는 결코 다르지 않다. 표의문자도 표음문자와 마찬가지로, 부호가 전체단어와 연관이 있는데, 다만 단어와 연결되는 것이 어떤 것은 '소리'이고 어떤 것은 '의미'라는 점에서 차이가 있을 뿐이다. 문자의 언어기록 기능과 형체를 구성하는 근거의 혼란을 피하기 위해, 좀 더 정확한 명칭으로 말한다면, 영어를 '병음문자'(음으로 나타내는 문자), 한자를 '구의문자'(의미로 나타내는 문자)로 불러야만 한다.

세계 문자가 표형(表形)〈象形〉·표의(表意)·표음(表音)의 세 단계를 거쳐 발전한다고 주장하는 이론이 있는데, 이런 관점에서는 표의문자는 문자 발전의 제2단계에 속하므로, 앞으로 표음문자를 향해 발전할 것이라고 본다. 그러나 이 주장은 문자 발전의 객관적인 사실에 부합하지 않는다. 대부분 문자의 기원이 도화문자임에는 틀림이 없지만, 이들이 반드시 세 단계를 거쳐 최종적으로 표음문자로 발전하는 것이 아니라, 표음과 표의의 두 가지 방향으로 발전한다. 아프리카의 고대 이집트문자, 서남아시아인 메소포타미아의 설형문자 같은 세계의 오래된 고대 문자들은 모두 도화문자에서 표의 문자로 발전하였다. 그러나 이들 표의 문자는 얼마 지나지 않아 사용가치를 잃어버리고 해독 불가능한 문자로 되었다. 이들이 세 단계를 거쳤다고는 하지만, 실은 표음문자로 발전하는 과정으로 보는 것이 더 정확하다. 한자 또한 도화문자에서 기원했고, 표의문자로 발전했지만, 이후 수 천 년 간 한자는 꾸준히 표의문자의 특징을 지닌 채, 부단히 변화하는 한어에 적응하기 위해 변화를 거듭하면서 세계에서 가장 치밀하고 오래된 표의 문자 체계를 갖추게 되었다. 세계에는 한자와 같은 표의문자가 아직 적지 않으며, 그들이 한자와 같은 오랜 역사를 지니지는 않았지만, 그들의 발전 과정을 반드시 '3단계 발전설'로 설명할 수는 없다. 그러므로 우리는 '문자발전의 두 가지 추세론'을 주장하며, '3단계 발전설'에는 동의하지 않는다.

두 번째 원칙에 의하면, 한자가 오랜 세월동안 부단히 발전해 오는 과정에서, 줄곧 표의문자에 속했는지, 표음체계로 발전하는 추세인지를 살펴보아야 한다.

한자는 표의와 표음이 서로 변화하면서도, 꾸준히 표의적 특징을 지닌 채, 끊임없이 새로운 방식으로, 한자의 개별부호형체와 전체부호체계와의 표의적 기능을 더욱 강화시켜 왔다.

이것은 아래의 세 가지 방면으로 요약할 수 있다.

첫째, 한자 의미의 변화 혹은 형체부호에 변화가 생겨, 형체를 보고 금방 의미를 알 수가 없는 필세(筆勢)의 상태가 된 후에, 한자의 형체와 의미의 해석이 바뀌면서, 형체와 의미가 같아지게 되는 새로운 국면을 맞게 된다. 예를 들어, 한자가 기록하는 사물의 어휘에 변화가 생기면, 한자는 항상 제 때 자신의 의미 부호에 맞게 조절되며, 새로운 사물의 특징에 적응하기 마련인 것이다.

"砲"자는 원래 "石"자로 의미를 나타내며, 투석기를 의미한다. 화약이 발명되고 난 뒤에, 형체는 "火"의 "炮"자로 바뀌게 되었다. "快"자는 당송시대에는 원래 "馬"자로 의미를 나타내며, 俗字로도 쓰였으며, 교통이 발달한 후에 말이 가장 빠른 교통수단이라고 보기 어려워지자, "쾌감"의 의미를 나타내는 "快"자로 파생되었다.

원래 형체를 구성하는 의도는 형체가 변하면서 의미가 약화되는 경향이 있는데, 한자는 의미부호를 덧붙이는 방식으로 의미화(義化)되는 기능이 강화된다. "紋"자나 "韮"자는 상형자에 의미 부호인 "糸"와 "艹"를 덧붙인 경우이고, "捋"자나 "援"자, "歌"자 등은 회의 혹은 형성자로 이미 관련된 의미 부호에 다시 의미 부호를 덧붙인 예이다. 이러한 것은 한자가 항상 최대한도로 부호형체에 의미 정보를 덧붙여, 표의의 특징을 지키려고 한다는 것을 알 수 있게 한다.

둘째, 글말(書面語)와 입말(口語)은 서로 바뀔 수 있다. (입말이 기록되면 글말이 되고; 글말이 읽혀지거나 혹은 불려지게 되면 입말로 바뀔 수 있다) 이 과정에서 입말의 소리 정보가 한순간에 다르게 변화할 수가 있고, 여기에 어떤 추상적인 의미를 가진 단어가 의미 자체로만 형체를 구성한다는 것도 곤란하므로, 이 때문에 한자는 갑골문(甲骨文)시대에 같은 소리지만 빌려서 쓰는 가차자가 많이 생겨났는데, 즉 다시 어떤 어휘의 형체를 만들기 위해 같은 소리를 가진 글자를 빌어서 그 부호로 삼지는 않았다.

예를 들어, "戚"자의 본래 의미는 "도끼"인데, "悲戚(슬퍼하다)"의 "戚"으로 빌려 쓰게 되었고, "舍"자의 본래 의미가 집·가옥인 "房舍"로 쓰였으나, "버리다"라는 "舍棄"의 "棄"로 빌려 쓰고, "介"자의 본래 의미는 "거북이 껍질"인 "甲介"이지만 "경계선"의 "疆介"로 빌려 썼다.

하지만 의미를 나타내는 한자는 이러한 의미에서 벗어나 소리로 된 부호에 대해서는 "배척"하는 작용이 있으므로, 오래지 않아, 관련된 의미 부호가 덧붙여져, 각각 "慼"·"捨"·"界" 등으로 쓰여 다시 의미화(義化) 되었음을 알 수가 있다. 그렇기 때문에 가차자(假借字)는 형성자(形聲字)로 바뀌는 일종의 규율을 이루었고, 이러한 형성자중에서 소리부호 일부분을 이용해서 다른 어휘를 구별하는 수단으로 된 것이다.

셋째, 한자(漢字)의 기능을 나타내는 두 가지 중요한 부분이 바로 서사와 분별이다. 서사로 말하자면, 사람들은 간단하고 쓰기 쉬운 부호를 선호하지만, 분별로 말하자면 부호가 많아야 인식이 쉬워진다. 그러나 부호가 간단할수록, 정보는 잃기 쉽고, 구별도 어렵게 된다. 정보량이 많고 변별력이 클수록, 형체는 복잡하며 기록하는데 더욱더 많은 부담을 가져온다. 그러므로 서사와 분별은 서로 대립되며, 한자는 쓰기 쉽고 분별하기 쉬워야 하는 모순 속에, 간단하며 번잡한 것을 적당히 조절하며, 가장 적합한 형체를 만들기 위해 끊임없이 개별적인 형체부호를 조절한다. 자형 변천의 주된 기능은 한자의 표의성질이다. 한자는 구건과 필획을 끊임없이 간소화시켜, 서사의 어려움과 기억력의 부담을 감소시켜왔다. 이러한 간소화는 다른 어휘와 의미에 영향을 끼치지 않는 범위 내에서 진행시켜 왔으며, 이것은 곧 대전(大篆)에서 소전(小篆)까지 제1차 한자규범 때는 필요 없는 구건을 없애기 위해 한 번 의도적으로 줄여서 썼다.

예를 들어,

대전(大篆)에 많은 "🌿"자가 소전(小篆)에 모두 풀 "🌿"로 바뀌었다.

대전(大篆)의 "集"자는 "🐦"으로 썼는데 소전(小篆)에 "🐦"으로 바뀌었다.

대전(大篆)의 "流"자는 "🌊"으로 썼는데 소전(小篆)에 "🌊"로 바뀌었다.

내전(大篆)의 "涉"자는 "🌊"으로 썼는데 소전(小篆)에 "🌊"으로 바뀌었다.

이것은 일차 인위적인 간소화이다. 고문자(古文字)에서 금문자(今文字)의 예변(隸變)까지는 대대적인 간소화가 이루어졌지만, 漢나라 때 비문(碑文)에 새긴 예서문자(隸書文字)의 경우는 의도적인 정리를 거친 후이므로, 여전히 91%정도의 표의성을 유지하였다. 베껴 쓴 예서문자(隸書文字)인 마왕퇴(馬王堆)에서 출토된 백서(帛書)는 표의성이 89% 이상에 이르고, 현대한자 형성자 또한 표의성이 90%이상에 달하는데, 의미 부호의 표의기능이 비교적 잘 보존되어 왔다. 이것은 한자가 역사적으로 어떻게 간소화되었던 간에, 당연히 있어야 할 의미 정보를 모두 잃은 것이 아니라, 간소화 정도를 결정짓는 최소한도의 표의 특징만큼은 그대로 보존한다는 것이다.

이 세 가지 면으로, 우리는 한자가 표음 추세로 발전한다고 할 수 없으며, 표의특징을 가지고 있다는 것을 알 수 있다.

세 번째 원칙에 의하면, 한자는 다른 유형의 부호가 표의체계에 속하는지를 고찰해야 할 필요가 있다. 그 중에서도 특히 소리를 나타내는 구건(構件)을 가지고 있는 형성자가 표의체계에서도 여전히 그 기능을 나타낼 수 있는지를 논증해야 한다.

초기 형성자는 아래 세 가지의 원류가 있다.

강화형성자(强化形聲字) : 상형자가 만들어지자, 구별을 하기 위해 일정한 정보를 늘린 것이다. 소리 정보를 늘린 것은 상형자인 "星(성)"자에 소리부호인 "生(생)"자를 덧붙인 것과, 상형자인 "鷄(계)"자에 소리부호인 "奚(해)"자를 덧붙인 것 등과 같은 것이다.

이렇게 소리로 상형자를 강화시키는 방식은, 글자를 금방 늘릴만한 능력이 없으므로, 이런 방식으로 글자를 형성하지는 못한다. 다른 강화형성자는 앞에서 얘기했듯이, 상형자중에서 물체의 형상을 그리는 성질이 약화된 후에 의미를 나타내는 구건을 덧붙여 의미의 분류가 강화된 것이다.

분화형성자(分化形聲字) : 세 종류로 나뉜다.

첫째, 의미를 빌려 파생된 것으로, 앞에서도 얘기했듯이 빌려 쓴 가차자(假借字)에 의미를 나타내는 구건이 덧붙여져, 공통으로 하나의 글자를 사용하며 파생된 것이다. 예를 들면 :

"房舍(가옥)"과 "舍棄(버린다)"는 공통으로 하나의 글자를 빌려 사용

하므로, "扌"변을 넣어 "捨(사)"자가 되며 "舍棄(버린다)"는 뜻을 나타
낸다.

도끼를 나타내는 "戚(척)"자와 "슬픔(悲戚)"을 표시하는 "戚"자는 하
나의 글자를 공통으로 빌려 사용하므로, "心"자를 덧붙여서 "慼(척)"자
가 "슬픔(悲慼)"을 표시한다.

둘째, 넓은 의미의 뜻으로 파생된 것으로, 초기에 하나의 글자가 표
시하는 의미가 비교적 광범위하였으나, 후에 그 글자의 구별을 위해,
각각 의미를 나타내는 구건을 덧붙이거나 바꾸어 구별하는 것으로, 의
미가 더 구체적인 글자로 된다. 예를 들면 :

"介(개)"자는 의미를 표시하는 구건이 덧붙여서 경계의 "界"·"𨙻"
등의 글자가 되었다.

"和(화)"자는 의미를 표시하는 구건이 바뀌어 "盉(화)"·"龢(화)" 등
의 글자가 되게 하였다.

셋째, 한 의미에서 새로운 의미로 파생된 것이다. 문자가 기록하는
어휘가 새로운 의미로 파생될 때, 의미를 표시하는 구건을 덧붙이거
나 바꾸어 새로운 글자를 만들어낸다. 예를 들면, "止(지)"자는 "脚(각)"
의 의미에서 파생되어 "停止(정지)"의 의미가 있다. "脚(각)"의 의미가
"趾(지)"자로 고쳐 쓰이고, 다시 파생되어 장소인 "地點(지점)"의 의미
가 되며, 확대된 의미로 "址(지)"자가 된다.

"窄(착)"자는 "좁다"라는 의미에서 파생되어, "압박(壓迫)"의 뜻이
"榨(자)"자로 확대되었다.

"化(화)"자는 "변화"라는 의미에서 파생되어 "착오"의 뜻으로 되었고,
확대되어 잘못할 "訛(와)"로 되었다.

유화형성자(類化形聲字)

같은 종류의 한자와 이미 형성된 다른 형성자(形聲字)와의 연계성을 위해, 일부 원래 의미 부호가 없는 글자도 같은 종류와 유사하게 되므로, 그와 비슷한 의미 부호를 첨가시킨다. 예를 들면, "祿(녹)"·"禮(예)"·"祭(제)" 등의 글자는 모두 "示(시)"자 편방이 없었는데, "祭祀(제사)"라는 글자가 모두 "示(시)"자 의미 부호가 있으므로, 소전(小篆)에서는 "示(시)"자 편방을 덧붙여서 같은 종류의 "示(시)자 부수의 글자"가 된 것이다.

초기 형성자의 원류를 보면, 한자는 표음(表音) 성질이 아닐 뿐만 아니라, 확실히 표의(表意) 성질임을 나타내고 있는 것이다. 소리부호를 덧붙여서 상형자를 강화하는 방법은, 의미 정보를 다시 늘리지는 못했으므로, 더 이상 사용되지 못하고, 표의문자 성질에도 적응하지 못한다. 나머지 몇 종류의 형성자도 모두 의미 정보가 늘어난 것이고, 소리부호는 의미 부호가 덧붙여져 바뀐 것이므로, 형성자는 의미 부호가 중심이 되는 것이다.

형성자가 소리와 의미가 결합된 방식으로 된 후에, 어떤 글자는 하나의 의미 부호와 하나의 소리 부호로 이루어진 것이 있는데, 이 형성자는 의미 부호가 중심이 되고, 소리부호로 구별할 수 있는 수단이 되는 것이다.

한자의 소리부호는 정확한 음을 표기할 필요는 없으므로, 시대와 방언도 초월할 수 있다. 또 한자의 표음 구조는 완벽하지가 않으므로, 한어병음방안을 보급하는 것이야말로 매우 중요한 일이다. 앞에서 서술했듯이 한자의 형성자는 비록 매우 많다고는 하지만, 형성자의 소리

부호는 원래 비슷한 소리로 어휘를 구별하는 작용이 있으므로, 수 천
년동안 역사적 변천을 거치는 동안, 형성자의 소리부호가 직접적으로
소리를 표시하는 작용은 매우 약화되었다. 그러므로 표의문자인 한자
는 반드시 일련의 과학적으로 음을 기록하는 방식으로 표시해야하고,
한어병음방안(漢語拼音方案)을 보급하는 것이 표의문자의 부족한 점
을 보완할만한 중요한 방책인 것이다.

한자의 표의성질이 명확해졌으므로, 우리는 한자구형의 분석이나 한
자구형체계의 기술 모두 의미 요소를 고려해야만 하며, 이것은 한자의
형체와 의미의 해석이 같아야만 하고, 한자의 구형분석은 한어와 한자
에 적합한 방법을 사용해야만 하므로, 서양언어학의 방법과 원칙을 참
고는 할 수는 있지만, 완벽하게 사용하는 것은 어렵다는 것을 알았다.

한자구형학강좌

제2강

한자학(漢字學)과
한자구형학(漢字構形學)

한자구형학강좌

제2강
한자학(漢字學)과
한자구형학(漢字構形學)

세계 문자 중 대표되는 두 가지 발전 추세에 있는 표의문자(表意文字)와 병음문자(拼音文字)는 각각 나름대로 특징과 발전규칙이 있다. 한자는 대표적인 표의문자이다. 그러므로 한자의 구형(構形)특징과 사용규칙을 연구하는 것은 중국 문자학의 과제일 뿐만 아니라 세계 문자학의 과제이기도 하다.

한자가 연구대상으로 설립된 한자학의 역사는 한대(漢代)의 "소학"부터 친다면, 이미 이천여 년의 긴 역사를 지니며, 오늘날까지 발전해왔으며, 다음 네 가지 한자학 방면으로 나뉠 수 있다.

1. **한자구형학(漢字構形學)** : 한자의 형체를 연구한다는 것은 일정한 이치적 근거에 따라 구성되며 변천 규칙에 따른다는 것이다. 이 규칙은 개별적인 글자의 구성방식과 한자구형의 전체적인 체계에 내포된

규칙을 모두 포함한다. 한자의 발전역사로 말한다면, 다른 역사 단계의 한자 구형(構形)은 각각 그 특색을 가지고 있지만, 한자구형학은 각 단계의 많은 현상들을 포함하며, 각 단계별 한자연구의 기초이론과 기본방법을 제시한다.

한자형의학(漢字形義學)과 한자구형학(漢字構形學)은 다른 각도에서 제기된 것이다. 이 연구는 이론상으로 한자가 형태소의 의미로 형체를 구성한다는 특징에 주안점을 두고, 한자 형체와 의미의 해석이 동일한 규칙을 종합해 내며, 이 기초 위에 한자형체 분석을 통해 기록하는 어휘의 의미를 어떻게 확정짓는지를 연구하는 것이 그 목적이다. 실천면에서 본다면, 자형의 분석을 통해, 고대 문헌의 어휘를 연구하고, 고서 열독과 고적정리에도 언어를 해독할만한 근거를 제공한다.

사실 한자구형학과 형의학은 같은 항목의 두 가지 이론으로, 구형학은 의미를 빌려 분석하는 것이므로 형체가 중심이 되므로, 한자학의 범주에 속하고, 한자 형의학은 자형을 빌려 분석하는 것이므로 의미가 중심이 되므로, 훈고학 또는 문헌 어의학의 범주에 속한다고 할 수 있다.

2. 한자자체학(漢字字體學) : 한자 글자체는 다른 시기·용도·(제기 〈인물의 공적을 새긴 문자가 많음〉·비문·책·서신 등)·서사공구(붓·칼등)·서사방법·(쓰고·새기고·주조하는 것 등)·지역 등에서 형성된 한자서사의 종류와 전체적인 예술적 특징을 포함한다. 일반적으로 한자 글자체는 금문자(今文字)단계에 이르러 정자체와 변이체의 차이가 생기기 시작했다. 일반적으로 예서·해서를 정자체라 하고, 행서·

초서는 변이체라고 칭한다. 변이체의 구조는 정자체 구조에 대한 체계적인 변화이므로, 그 구형체계는 주로 정자체에 의해서 형성된다. 한자 글자체의 예술적인 특징과 변천규율을 연구하고, 변이체인 행서(行書)와 초서(草書)구조의 변이 규율을 연구하는 것이 한자자체학(漢字字體學)의 임무이기도 하다.

3. **한자자원학(漢字字原學)** : 최대한 가장 이른 시기의 한자의 자형을 찾아서, 매 한자마다 초기 글자를 만든 의도를 찾는 것으로, 이것은 한자의 형원(形源) 즉 글자의 원류(字源)를 연구하는 것으로, 자원학의 임무이기도 하다. 한자자원학이란 한자 형체 근원의 규율과 그 한자의 최초의 형체 구성방식을 연구하는 학문이다.

한자자용학(漢字字用學)과 한자자원학(漢字字源學)은 다른 각도에서 제시된 것이다. 한자는 개별적인 글자가 생긴 후에 원래 글자를 만들 때 의거했던 어휘나 그 어휘의 형태소를 영원히 기록할 수 없으므로, 한자를 기록하는 기능에 변화가 생기기 마련이다. 자용학은 바로 구체적인 언어작품 속에서 한자어휘나 그 어휘의 형태소를 기록할 때의 기능의 분화와 전이를 연구하는 것이다.

한자 자원학은 최초의 원래 글자 형체를 연구하는 것으로, 한자학(漢字學)의 범주에 속하고, 자용학은 한어를 기록하는 실제 기능을 연구하는 것으로, 훈고학 또는 문헌 어의학 범주에 속한다.

4. **한자문화학(漢字文化學)** : 이 연구의 목적은 두 가지로, 하나는 거시적인 것으로, 한자를 일종의 문화현상으로 본 후에, 인류문화의 배경

과 거대한 체계 속에서 기타 다른 문화현상과의 연계를 관찰하는 것이 거시 한자문화학(漢字文化學)이다. 다른 하나는 미시적인 것으로, 한자의 개별적인 글자의 구형과 전체구형 체계가 가지고 있는 문화 정보를 연구 분석하고 밝히는 것이 미시 한자문화학이다. 종합해 본다면, 한자문화학은 문화현상의 한자와 다른 문화현상의 상호검증 관계에서 세워진 것이다.

만약 한자구형학(漢字構形學)을 기술하는 것으로 본다면, 한자문화학은 해석하는 것이다. 그것은 역사적인 문화와 객관적인 환경을 시작으로, 한자 개별적인 글자의 구형상태와 원인을 해석하고, 동시에 한자구형의 전체 체계와 변천의 역사로 회답을 얻을 수 있는 이유라고 할 수 있다.

위의 네 가지 한자 분류의 내용은 서로 밀접한 관계를 맺고 있으며, 한자구형학은 나머지 세 가지 분류의 중심이자 기초이다. 이것은 통상 말하는 한자의 삼 요소인 형(形)·음(音)·의(義)에서 소리와 의미 모두 한자가 한어를 매개체로 계승하는 것이므로, 자형만이 한자의 실체이기 때문이다. 그러므로 한자의 자원(字源)·자용(字用)·풍격(風格) 혹은 한자의 문화정보를 연구할 때에도, 반드시 한자의 구형규율을 명확히 해야만 한다.

역대한자학은 한자형의학(漢字形義學)·한자자용학(漢字字用學)·한자문화학(漢字文化學)·고한자해석학(古漢字解釋學)·한자형체변천학(漢字形體演變學).... 모두 적지 않은 성과를 이루었지만, 한자 실체에 대한 연구를 중요시하지 않아 진정한 과학적 이론체계를 갖춘 한자학의 기초이론을 찾아볼 수가 없다.

그렇다면 무엇이 한자의 실체인가? 한자는 한어를 기록하는 시각적 부호이며, 한자의 소리와 의미는 한어에서 유래하므로, 자형이야 말로 바로 한자의 실체이다. 중국에서, 자형을 한자의 중심으로 연구하려면, 이론상으론 그 내재된 규칙을 연구하고, 반드시 전통적인 한자관념으로 인한 고질적인 습관을 극복해야만 한다. 이 두 가지 습관은 초기 한자 연구의 실용적인 목적에서 야기된 것이다.

중국 고대 문자학을 "소학(小學)"이라고 하는데, 이는 "주례(周禮)에 8살에 소학에 들어가니, 보씨(保氏)가 먼저 육서로써 나라의 자제를 가르치는데"라는 제도로 이름이 생겨났기 때문이다. 소학의 목적은 처음에는 낮은 단계의 글자 인식교육을 위한 가르침이 목적이었으나, 양한시대(兩漢時代) 금고문투쟁(今古文鬪爭) 이후에는, 고문경학가(古文經學家)들의 추종을 받으며, 단번에 유가 경전을 고증·해석하는 교량의 역할로 올라서게 되었으며, 또한 고대 문어체 문헌을 해석하는 도구로 더욱 높은 지위를 지니게 되었다. 한자는 고서 해독과 의미를 고증하는 근거가 될 수 있는 것은, 한어를 기록하는 기능을 갖추었을 뿐만 아니라, 시종일관 표의문자 체계에 속하여, 의미로 형체를 구성하므로, 자형으로 단어의 본래 의미를 밝힐 수 있고, 본의로도 인신의(파생의)를 추론할 수 있으며, 게다가 어음의 요소로 본래 글자도 찾아 가차의 뜻(假借義)을 구별할 수 있다. 단어의 의미가 구(句)의 의미로, 구의 의미가 문장의 의미로, 문장의 의미로 결국 문헌에서 전달하는 사상을 알 수가 있다.

≪맹자(孟子)≫에 "큰 뜻을 품은 자는 자신이 곤궁함을 지켜 죽어서 전답에 묻히는 것을 잊지 않고, 용감한 자는 나라를 위해 목숨을 잃는 것

을 잊지 않는다." 라는 구절이 있는데, 여기에서 "元"자는 "사람의 머리"를 뜻한다. 중국어에서 시간이 가장 일찍·직위가 가장 높고·책임감이 가장 큰, 어떤 한 방면에 통솔력 있는 사람이란 의미로, "冠"자에서는 "元"자가 "元帥·元勳·元首·元兇"...의 뜻을 나타내는데, 이 글자는 왜 "元"이라는 글자를 써서 표시하는가? 해서(楷書)로부터 금문(金文)·갑골문(甲骨文)으로 거슬러 올라가 살펴보면, 비로소 이 글자가 옆으로 서있는 사람의 모습을 그린 것으로, 사람의 머리 부분을 돌출시켜 갑골문에 는 "ㄱ"로 쓰고, 금문에는 "ㅓ"로 쓰고, 본의는 "사람의 머리"라는 것을 알 수 있다. "사람의 머리"는 인체의 가장 높은 곳에 있으므로, "제일·최선·가장 중요한" 등의 뜻으로 파생되는 것이다. 그러므로 측면으로 서있는 사람을 그린 것은 하늘 "天"자와 구별하기 위해서이다. 갑골문의 "天"자는 "ㅊ", 금문은 "ㅊ"으로 모두 "정면으로 서있는 사람의 이마부분"을 그린 것이다. 자형을 정확히 이해하면 자형으로 기록되는 어휘의 뜻도 명확해지고, 경서의 문장 또한 해석할 수가 있다.

이렇게 명확하게 문헌을 해독할 실용적인 목적으로, "小學"의 고유한 형(形)·음(音)·의(義)를 통해서 서로 의미를 이해하는 전통적인 방법을 만들었으며, 이러한 방법은 의미를 매우 중시했다. 육서(六書)는 전통문자학(傳統文字學)에서 한자구형모델의 범례와 법칙을 분석한 것이나, 육서(六書)의 전사서(前四書)인 상형(象形)·지사(指事)·회의(會意)·형성(形聲)은 비록 억지로 ≪설문≫소전(小篆)의 구형 유형을 모두 완벽하게 포함한다고는 하지만 후이서(后二書)인 전주(轉注)·가차(假借)는 구형과는 직접적인 관련이 없다.

육서(六書)의 의도를 자세히 보면, 대부분이 자형 중 글자를 만든 의
도(造字意圖)와 의미(글자를 만든 근거가 되는 단어의 의미)연구에 착
안하고 있다. 단순히 글자를 만든 의도만이 아니라, 글자를 분석하는 방
법의 각도에서 보아야 하므로, 한자형의학(漢字形義學)의 각도에서 접
근해야만 육서를 정확히 이해할 수 있다. 그리고 글자를 만든 의도를 통
하여 언어의 의미를 연구하는 것은, 이미 언어학의 범주를 넘어선, 결코
단순한 한자 실체만의 연구가 아닌 것이다. 소학가(小學家)들은 "글자
(字)"를 항상 "어휘(詞)"와 같은 의미로 생각했다. 그러므로, 그들이 언
어의 매개체인 문자를 각각 상대적으로 독립된 가치로 여기지 않고 무
시하였으므로, 글자와 어휘를 자주 혼돈하며, 문자학과 훈고학의 경계
선을 불분명하게 했다.

마찬가지로 문헌을 해독할 실용적인 목적으로 소학가(小學家)는 개
별적인 한자에만 관심을 가졌다. 한대(漢代)와 그 후에 편찬된 소학서
는, 대다수가 소리와 의미를 중심으로 편찬되었고, 자형이 중심이 된
≪說文解字≫가 설사 귀중한 구형체계의 사상을 포함하고 있다 하더라
도, 사용하는 사람의 문헌 해독에 대한 실용적인 목적이 너무 강하여,
많은 후대사람들이 ≪說文≫의 글자 하나 하나의 개별적인 고증에만
중점을 두게 된 것이다. 그러므로 ≪說文≫에 대한 평가는, 책 속의 구
형사상 체계보다는 자연스레 한자가 제공하는 고증된 형체와 의미를
중시하게 되었다. 후대에 ≪說文≫과 비슷한 자서(字書)들은 이론적 측
면에서는 ≪說文≫에 미치지 못하고, 대다수가 ≪說文≫의 구조를 그
대로 답습하여 자형을 열거하고, 게다가 역사적으로 다른 시기의 한자
형체는 체계성을 찾기가 더욱 힘들게 되었다.

한자 실체의 연구는 자형이 중심이 되어야 하며, 반드시 글자 하나 하나를 고증 한 후, 그 기초 위에 전체적인 규율을 파악해야 한다. 전통문자학(傳統文字學)에서의 한자연구는, 자형이 의미에 종속되고, 개체를 중시하여 전체를 소홀히 함으로써, 자형을 모르는 상황에서는 오히려 실체연구에 장애가 된다.

또한 역대 자서는 자형의 역사적인 측면을 고려하지 않고, 통계자료조차 정리되지 않아, 과학적으로 한자구형학(漢字構形學)을 시작하기가 더욱더 힘들게 되었다. 한자구형체계를 분석할만한 기초이론과 조작방법이 없다면, 한자와 관련된 논쟁을 공감하기에 매우 힘들기 때문에, 한자사(漢字史)의 연구 또한 새로운 진전을 마련하기가 어렵다.

전통문자학(傳統文字學)에서 결코 한자의 전체적인 중요성을 인식하지 못한 것은 아니며, 자서에서 글자에 대한 분류 자체를 소학가(小學家)들이 한자를 전체적으로 인식했으면 하는 바램을 나타낸 것이다. 게다가 모든 개별적인 글자의 고증을 반드시 그것과 관련된 자형을 참조하여야 했으므로, 고증학자가 전체와 개별적인 것을 분별할 수 있는 능력이 없지는 않았다. 그러나, 전통문자학(傳統文字學)은 여전히 한자구형학(漢字構形學)의 창건을 확립하진 못했다. 왜냐하면, 고대 철학과 과학의 발전으로는 전체자형 내부구조를 분석할 수 있는 이론과 방법을 도출해 낼 수 없어, 삼천 여 년 동안 끊임없이 변화하고 축적된 많은 복잡한 한자에서 규율을 찾기란 어렵기 때문이다.

근 현대 문자학 전문가들은 한자이론 연구와 한자구형학 확립에 좋은 기초를 다질 수 있게 하였으며, 동시에 출토문자(出土文字)에 대한 자각적인 고증과 고문자학의 확립이 한자구형규율의 다방면에 대한 인증을 했을 뿐만 아니라, 문자의 각 역사시대별로 개념을 더욱 확고히 했다.

갑골문(甲骨文)에서 진간(秦簡)까지 역대 고문자(古文字) 형체의 실제 모습은, 예변(隸變) 이후에 한자의 형체가 복잡하게 변함에 따라, 전통적인 육서법(六書法)의 한계를 드러냈고, 한 걸음 더 나아가서 육서(六書)는 진(秦)나라 때의 규범적인 소전(小篆)에만 적합한 모델로, 역대 한자 구형을 모두 다 포함할 수 없다는 것을 알 수가 있다. 그러므로 고문자 유형을 분석하기 위해, 일부 문자학자는 삼서설(三書說)을 내놓았는데, 삼서(三書)는 고문자에 대해 지나치게 모호하고, 금문자(今文字)에 대해선 별로 적합하지 않아, 육서(六書)를 대신할 수는 없었다. 육서(六書)의 한계는 한자 구형을 진일보 총괄해야할 필요성과 절박성을 증가시켰다. 그러나 새로운 각도로 본다면, "六書"는 원래 진(秦)나라 때 규범적인 소전(小篆)을 기초로 만들어낸 한자구조분석 모델로, 근 이천 년을 한자구형분석의 기초가 될 수 있었던 것은, 육서(六書)의 "구조-기능"분석법이 표의문자 형체 구조 특징에 적합했기 때문이다. 결국 전통적인 육서를 포기하면 안 되며, 반드시 육서(六書)를 기반으로 합리적 사고로 한자구형학(漢字構形學)을 해야만 할 것이다.

한자구형학의 기초적인 이론은 무엇인가?

구형학의 이론과 방법은 변증유물주의 철학사상으로부터 나온 것이다. 이것은 중국고대 소학중의 보편적인 변증방법과 자연과학에서 온 계통론 사상을 비교 대조한 것을 이론으로 만든 것이다. 여기에다 한어에 적합한 서양구조주의 언어학의 합리적인 원칙들을 참고로 하여, 한자구형체계를 실행할 수 있는 방법으로 만든 것이다.

동한(東漢) 허신(許慎)이 쓴 《說文解字》는, 진(秦)나라 때 서동문(書

同文)정책 이후 통일된 것으로 간소화하게 만든 소전체(小篆體)의 형체이다. 그러므로 이 소전체의 일부 중요한 한자는, 소학의 글자 인식 교본에 수록되었고, 자형도 엄정한 규범화를 거쳤다. 기타 일부 한자의 자형도 허신(許愼)이 선정해서 수록한 것이다.

더욱 귀중한 것은 《說文解字》의 배열순서와 한자에 대한 분석이 확실히 계통론 사상을 충분히 반영하고 있으며, 허신(許愼)의 사상으로 정리되었으며, 소전 단계의 구형체계는 이미 확립되었음을 알 수가 있다.

20세기 초에 오스트리아 생물학자 루드윅 본 베르탈란피(Ludwig von Bertalanffy)[1]는 일반계통론의 기본사상을 내놓았는데, 그는 계통이라는 정의를 "일정한 상호 관계 속에서 환경과 연관되어 발생하는 각 구성요소의 총체"라고 했다. 언어학 영역에서, 소쉬르는 먼저 계통론의 사상을 공시언어학(共時言語學)에 적용시켜, 구조주의 언어학 방법을 내놓았다. 미국의 구조주의 언어학은 기술적 언어분석방법을 발전시켰다[2]. 유럽의 구조언어학은 기능과 언어부호의 분석방법을 만들었다[3].

이 방법의 원칙은 우리의 전통 문자학이 지니고 있던 계통적 사상을 더욱 발전시켜 실용성이 강한 한자구형학을 형성할 수 있도록 도움이 된다.

한자는 일종의 정보매개체로, 사회에 의해 생겨나고 사회에서 공통

---

1) 譯註 : 원문에 베르탈란피의 철자가 Bertalanffg로 되어있어 Bertalanffy 로 정정합니다.
2) 아이더화 피에르가 1921년에 출판한 《언어론》과 로널드 브룸필드가 1933년에 출판한 《언어론》이 기초가 되었다.
3) N 터노피에츠커이와 야콥프슨으로 대표되는 프라그 "기능"학파, L 야모 리에프로 대표되는 코펜하겐 "語符"학파가 구조주의 언어학 방법의 완성과 이론 발전에 중요한 역할을 하였다.

으로 사용되는 부호이다.

형체를 구성할 때 반드시 체계적인 형식으로 해야 한다. 공시적 역사 측면에서, 모든 한자는 나름대로 형체를 구성하는 요소가 있고, 이 형체를 구성하는 요소 또한 결합 단계와 구형모델이 있게 마련이다. 그러므로 한자의 개별적인 글자부호는 고립된 것도, 흩어진 것도 아니며, 서로 내부적으로 연관되어 질서 있는 부호체계를 지니고 있다.

개별적인 글자부호의 고증은 모든 체계 중에서 그 글자가 놓이는 위치를 찾아야만 비로소 믿을만하고 합리적이다. 단지 한자의 개별 글자부호의 형체 변화 연구만을 한자사(漢字史)라고 부를 수는 없다. 개별적인 형체 변화를 명확히 인식 해야만, 한자 구형계통 전체의 변천 규율을 고증하고, 아울러 변천의 내재적·외재된 원인이 역사에 부합되는 해석을 해야만, 우리는 한자사(漢字史)라고 한다. 한자구형학을 확고히 세워야만, 한자학과 한자사(漢字史)에 대한 연구를 한 걸음 더 나아가 과학화시킬 수 있을 것이라고 확신한다.

그렇다면, 한자구형학(漢字構形學)의 성질과 임무는 무엇인가?

한자구형학의 기본방법은 같은 역사시기의 측면에 존재하는 한자 형식에 대한 기술로 공시적(共時的) 기술한자학에 속한다. 한자의 많은 현상들을 언급하지 않고, 단지 한자와 관련된 기본 개념과 한자구형에 대한 기술의 기본방법 및 순서를 설명한 것이므로 그것은 기본이론과 지식이라는 측면에 속한다고 할 수 있다.

공시적(共時的) 측면의 한자가 무질서하게 구성되었는지, 아니면 체계적인 형식으로 존재하는지? 이것은 아직까지 검증이 안 된 문제이다.

한자구형의 체계성을 검증하려면, 반드시 먼저 분석할만한 자료가 적어도 역사적으로 시기가 같고 반드시 동일한 체제의 것이어야 한다. 그리고 검증할 방법도 역사적으로 시기가 같은 구형체계로 기술해야만 하는 것이다.

한자 구형이 각각 역사적으로 시기가 다른 것을 기술하고 비교하기 위해서는 기초이론과 방법을 세워야 하므로, 여기에서는 필수적으로 해석하고 비교해야 한다. 그러므로 한자구형학(漢字構形學)은 네 가지 중 가장 중심이 되므로, 구형학(構形學)의 기초 위에 나머지 세 가지 분과도 확립되어야만 한다.

한자구형학(漢字構形學)의 확립은 한자구형계통이 존재한다는 것을 전제로 한다. 구형학(構形學)의 임무는 :

첫째, 한자구형의 여러 가지 현상의 본질을 모두 인식하고 여기에 맞추어 술어를 만든다.

둘째, 한자정리를 실행할 만한 방법을 만들고, 특히 많은 양의 이사자(異寫字)와 이구자(異構字) 중 가장 대표적인 것을 골라서 대표글자로 하고, 정보를 나타내는 코드부호의 원칙과 방법으로 삼는다.

셋째, 공시적(共時的) 측면의 동일한 형식의 한자를 자료대상으로, 한자구형계통의 기술 방법을 만든다.

넷째, 통시적(通時的) 구형계통을 비교하여 실행할 만한 방법을 만든다.

다섯째, 계통론의 개념을 수립한 후에 개별적인 글자부호(字符)를 분석하고, 고증및 상관관계의 비교방법을 제시한다.

한자구형학(漢字構形學)은 매우 광범위한 응용가치를 지니고 있다.

첫째, 한자사 연구의 필요를 전제조건으로 한다.

한자사는 개별적인 한자부호 형체변화 상황을 간단하게 서술하는 것이 아니므로, 단지 이러한 것만을 다루는 것을 한자사 라고 할 수는 없다. 한자사는 개별적인 한자 자형 변화에 대한 명확한 인식하에서, 한자구형체계 전체의 변천 규율을 분석하고, 아울러 이러한 변천의 내재적 외재적 원인에 대한 역사적인 해석에 부합하여야만, 비로소 한자사라고 할 수가 있다.

한자구형학(漢字構形學)은 각 역사측면의 한자구형계통 기술과 한자구형계통의 비교를 위해 한자실제에 맞는 실행방법을 할 수 있도록 하여, 자연히 한자사를 한층 더 과학화한 전제 조건이 되었다.

예를 들어, 우리는 계통론적인 한자분석방법을 통하여, 갑골문(甲骨文)·설문소전(說文小篆) 전부와 진간(秦簡)문자에 각각 적용한 결과, 아래와 같은 수치를 얻을 수가 있었다. 1,380개의 갑골문(甲骨文)에서 분석해낸 기초부건(基礎部件)은 412개이고, 기초 구건마다 글자를 구성하는 비율이 평균 3.35개였다. 그리고 ≪說文解字≫의 9,431개의 정자체소전(正字體小篆) (許愼의 ≪說文解字≫에 있는 小篆은 9,353개이고, 현재 사용되는 진창치(陳昌治)의 단행본(單行本)에는 실제로 9,431개이다)에서 분석해낸 기초 구건은 단지 367개이고, 평균 글자 구성 비율이 25.5개였다. 소전(小篆)과 같은 시대의 진간(秦簡) 문자 1,778개에서 분석해낸 기초 부건은 279개로, 평균 글자 구성률은 6.4개로 거의 갑골문의 두 배이다. 이러한 사실은 한자발전사의 두 가지 보편적인 규율을 설명한다. 먼저 한자구형의 치밀도가 점차로 높아졌음을 나타내고, 그 다음으로 사회에서 통용되는 한자가 정리를 거치지 않으면, 한자구형의 체계를 보기가 매우 어려우므로, 정리를 거쳐야만 구형 체계를 전체적으로 볼 수 있다.

둘째, 한자의 정리·수집과 규범화 모두 한자구형의 규율에 부합해야만 한다. 역사적으로 정리·수집한 규범한자의 경험을 이론으로 승화시키고 더 객관화시켜야 하며, 한자구형학(漢字構形學)은 한자의 정리·수집 규범화의 응용 과정에서 규칙을 찾을 수가 있다.

예를 들어, 우리는 계통론의 구형방법을 ≪說文解字≫소전(小篆) 분석에 응용하여, 아래의 결과를 얻었다. ≪說文解字≫소전(小篆) 중 구조 단계가 가장 많은 것은 8단계이며, 글자마다 글자를 구성하는 근거에 따라 단계별로 마지막까지 분해한다면 9,431개 정자체 소전(小篆)을 분해 한 각 구건은 9,681개가 된다. 다시 말하자면, 단지 250개 정도가 정자체 소전(小篆)이외의 구건이 된다는 것이다.

이 250개의 정자체 소전 외의 구건은 제일차 분해에서 243개 구건으로, 두 번째 단계에서 다섯 번째 단계까지 얻은 구건은 단지 7개뿐이었다. 분해에서 얻은 각 단계의 구건이 279,561여 개가 되고, 남은 비자구건(非字構件)이 적은 것으로 보아 ≪說文解字≫소전(小篆) 구형 체계의 치밀함을 보여주는 좋은 예라고 할 수 있다.

세 번째로, 정확한 고금문자(古今文字)의 확증이라고 하는데, 모두 한자 구형 규율에 따른 결과라고 할 수 있다. 고증가들의 증거는 그들이 파악하고 탐구하는 제일 처음의 자료이며, 또 그들의 사고는 고증의 논리로, 한자계통과 변천규율을 파악하는 데서 오는 것이므로, 한자구형학(漢字構形學)은 마땅히 성공적인 고문자(古文字)고증의 사고에서 총괄해낸 규율로, 자신들의 이론을 더욱 풍부하게 해야 한다.

이러한 이론이 있어야만, 초학자들이 다른 사람들의 고증을 이해하고, 자신의 고증에 배운 내용을 응용하여, 문자 고증을 할 때 시간을 절약 할 수 있다.

네 번째로, 한자구형학(漢字構形學)은 심오한 연구영역에서만 사용하는 것이 아니고, 한자의 기초교육지도에도 직접적으로 활용한다. 예를 들면, 초 중학생들이 사용하기 적합한 컴퓨터 코드를 설계하려면, 형체와 소리 결합의 원칙을 바탕으로, 한자마다 구건을 분해해야 한다.

이 분해는 교사들이 반드시 한자의 해석에 일치하도록 강의해야하고, 한자의 해석도 주관적인 억측에 의해 연관시키면 안되며, 과학적이고 한자구형규율에 맞게 해야만 한다. 왜냐하면, 한자는 개별적인 부호 체계이므로, 마음대로 분해하고 강의하면 한자 실체에 위반되는 것이며, 한자의 체계를 혼란시켜서, 기억하고 배우는데 더욱더 어렵게 된다.

예를 들어, 어떤 사람이 "餓"를 "나는 배가 고프기 때문에 음식을 먹는다"라고 해석한다면, "俄"·"蛾"·"鵝"와 같은 글자는 어떻게 해석해야 하는가?

그 중 하나의 구건인 "我"는 제 일인칭으로, "我"의 의미로 사용한 것입니까? 한자를 해석할 때 하나를 틀리게 해석하면 모두 틀리게 된다.

구건 분해 또한 어떻게 분석하고 귀납시키는 것이 합리적인지를 깊이 생각해야 한다. 예를 들어, 슬플 "悲"자 위에 아닐 "非"와 부추 "韭"자 위의 "非"자를 똑 같이 분해해서 함께 정리할 수 있겠는가?

이 문제는 한자구형규율을 이해하고, 한자의 과학적인 분석 이후에야 비로소 정확한 해답을 알 수가 있다.

그러므로 한자구형학(漢字構形學)은 이론 가치가 매우 깊고, 응용과 보급하기에도 적합한 과학적인 이론이라고 할 수 있다.

제3강

구형(構形)과 구의(構意)

한자구형학강좌

한자**구형학**강좌

제3강
구형(構形)과 구의(構意)

한자의 역사를 고찰해보면 대략 6000년 정도로 추측한다.

한자의 존재를 확실히 입증하자면, 은상 갑골문(甲骨文)부터 시작되었다 하더라도 지금으로부터 이미 3600여 년의 역사가 있다. 수십 세기 동안, 한자의 구체적인 구형방식이나 형체는 변화가 많았지만, 전체적인 성질 변화는 없으며, 기본적인 구형특징을 그대로 유지해 오고 있다.

한자구형의 가장 큰 특징은 단어의 의미로 형체를 구성하므로, 형체는 항상 분석할만한 의미 정보를 지니고 있다는 것이다. 한자의 형체 중 분석할 수 있는 의미정보는 처음 글자를 만들 때, 만든 사람의 주관적인 의도에서 나온 것이므로, 이것을 구의(構意) 혹은 조의(造意)라고 한다. 조의(造意)라는 것은 문자학적 개념으로, 예를 들어 처음 "初"자를 만든 의도는 칼로 옷을 재단하는 것이므로, "시작하다"라는 의미를 표현한다. 글자의 뜻이 사용되면, 분석할 수 있는 객체로 되어, 이것을 "조자이거(造字理據)[1]"라고 한다. 조자이거(造字理據)는 사회적 약속에 의한 것이므로, 자형과 비교적 안정적으로 결합하여, 한자의 표의적 성질을 나타낸다. "조자이거(造字理據)"는 초기로 갈수록 더 직접적이며 구체적이다.

예를 들면, 초기의 갑골문(甲骨文)과 금문(金文)의 많은 글자는 직접적인 사물의 모습을 그려 만들어졌다. 예를 들면 :

- 例A : (형체는 뒤에 덧붙인 것을 볼 것, 아래도 같다) : 갑골문(甲骨文)의 "天"자는 정면으로 서있는 사람의 모습을 그린 것이고, 머리 부분이 돌출 되어 정수리를 나타낸다.

- 例B : 금문(金文) "目"자는 한쪽 눈을 그렸다.

- 例C : 갑골문(甲骨文)의 "祝"자는 한사람이 손을 벌리고, 신을 향해 축복을 구하는 모습을 그렸다.

- 例D : 갑골문(甲骨文)의 "福"자는 가득찬 곡식 창고를 그려서 복이 있음을 나타냈다.

- 例E : 금문(金文)의 "初"자는 상의의 모습과 옷을 재단하는 칼의 모양을 그려서, 옷을 재단하기 시작하는 것을 나타낸다.

- 例F : 갑골문(甲骨文)의 "因"자는 사람이 자리 위에 자는 것을 그려서 방석을 나타낸다.

- 例G : 갑골문(甲骨文)의 "沫"자는 "氵"와 "손(又)"으로 세수하는

---

1) 譯註 : 글자가 만들어진 이치적인 근거라고 할 수가 있다. 조자이거(造字理據)는 초기 한자일수록 상형성이 짙으므로 더욱더 직접적이고 구체적이다.

사람과 대야의 모습을 합쳐 얼굴을 씻는 것을 나타낸다.

- 例H : 갑골문(甲骨文)의 "洗"자는 "氵"와 사람의 발과 대야의 모습을 그려서 발을 씻는 것을 나타낸다.
- 例I : 갑골문(甲骨文)의 "浴"자는 "氵"와 사람의 신체와 대야의 모습을 그려서 목욕하는 것을 나타낸다.
- 例J : 갑골문(甲骨文) "客"자는 사람이 집에 들어가는 중에 입을 열고 말을 하는 것이다.

例 A	例 B	例 C	例 D	例 E

例 F	例 G	例 H	例 I	例 J

이상 한자의 형체구성에서 글자의 개별적인 형체가 직접적으로 보이는 사물의 모습을 그대로 그려낸 것으로, 형체의 결합은 사물간의 직관과 연관되어 있다는 것을 알 수 있다.

한자는 발전하면서 빨리 쓰기 위해 점차 간소화되었고, 초기 고문자의 상형성이 점차로 약화되어, 더 이상은 직관적인 모습으로 단어의 의미를 표현하진 못하였다. 그러나 이때 이미 의미를 가지고 있는 기본적인 한자 부호는 형성되었으므로, 자형 속에 의미 정보를 직접 활용할 수 있었다. 예를 들어 :

"日"자는 이미 태양 같지는 않지만, "日"을 구성요소로 갖는 글자들은 여전히 태양과 연관 있는 정보 즉 "시간"·"밝다"와 같은 의미가 자형에 나타난다.

晶・明・星…… 중의 "日"은 모두 "밝다"는 의미가 있다.

晩・昏・昧・時・晨 중의 "日"은 모두 "시간"의 의미가 있다.

旦・莫 중의 "日"은 모두 "太陽"의 의미가 있다.

한자부호와 구건(構件)이 물체를 그리는 성질이 약화되어, 형체로 의미를 표현하던 것이 뜻으로 바뀐 것을 우리는 "의미화(義化)"라고 한다.

한자는 "의미화" 이후, 구건(構件)이 새로운 글자를 만들 때, 어떤 것은 사물의 모습을 그대로 가지고 있기도 하다. 아래 소전을 예로 들어보자.

- 茻 : 풀이 밭에서 자라므로 형체를 구성할 때, 풀이 밭 위에 위치한다.

- 盜 : 물이 그릇에서 넘쳐흐르는 모습으로, 형체를 구성할 때 물무늬가 그릇위에 옆으로 그려져 있다.

- 析 : 도끼를 사용하므로 옆에서 나무를 찍기 때문에, 도끼가 나무 옆에 있는 것이다.

- 牢 : 소가 우리에 고삐가 매어 있는 모습이므로, 소가 "宀" 아래 있다.

그러나 대부분은 원래 사물의 모습이 아닌, 가지런하고 아름다운 미관에 의해 구건이 배치되어 있다. 예를 들면 :

- 解 : 칼로 소뿔을 가르는 것으로 칼이 소의 위에 있고, 손은 생략되었다. 의미 정보로 보면 해부의 의미를 충분히 설명할 수 있다.

- 祝 : 사람이 입을 벌리고 신을 향해 기도하는 모습으로, 사람과 입이 "示"자 옆에 있는데 사물의 결합이 아니다.

- 🍶 : 술항아리에 술을 채워 넣었으나, 술을 표시하는 "氵"를 술항 아리인 "酉"자에 넣지 않았다.

이상에서 전자는 물체의 모습으로 결합방식을 알 수 있도록 하는 형체의 결합(形合)이고, 후자는 한자부호가 뜻과의 연관성에 의해 표시하게 되는 의미의 결합(義合)이라고 한다. 그러나 자형은 모두 분석할 수가 있다.

가장 흔한 한자구형방식은 의미와 소리를 나타내는 것이다. "桃" · "柚" · "棠" · "梨" 모두 "木"을 사용함으로써, 그들이 목본식물에 속한다는 것을 나타낸다. 그러나 "兆" · "由" · "尙" · "利"는 모두 비슷한 소리로, 나무의 명칭을 구별한다. 한자의 소리부호는 음을 표시할 뿐만 아니라, 글자를 구성하는 독음과 완벽하게 일치될 필요는 없으므로, 이러한 소리부호를 통해 같은 어휘 속에서 글자가 가리키는 단어를 구별할 수 있다.

"桃"와 "兆"는 결코 같은 음은 아니지만, "兆"자와 "桃"의 소리가 비슷하므로, 棠 · 梨 · 柚 · 梅 가 아닌 "桃"라고 확정한다.

이상의 분석을 통해서, 우리는 의미로 형체를 구성하는 한자의 표의적 특징에 대해 살펴보았다. 그러므로 한자의 형체는 반드시 형체와 의미의 구성을 포함한다.

구형(構形)은 어떤 구건 인지, 숫자가 얼마나 되는지, 결합하는 방식이라든지 놓이는 위치 등을 말하고, 구의(構意)는 이러한 종류의 구형(構形)이 어떤 의도로 글자를 만드는지, 어떤 뜻의 정보를 가지고, 어떤 수단으로 그것과 비슷한 글자나 같은 종류의 글자를 구별하는지를 말한다.

어떤 책에는 자형으로 분석한 의미를 "본의(本義)"라고 하는데, 사실 선조들이 말한 본의(本義)는 두 가지 개념이다. 하나는 우리가 말한 언어의 의미가 결합하여 자형을 만드는 의도를 분석하는 것인 "構意(造意)"로 문자학의 개념에 속하는 것이고, 다른 한 가지는 문자구형의 의도로, 어휘나 형태소의 항목으로, 파생어와 가차의를 구별하기 위해 만든 "실의(實意)"로 문헌어의학(文獻語義學)의 개념이다.

후자의 개념을 본의(本義)라 하고, 전자는 문자학의 개념인 구의(構意)라 한다. 일찍이 한(漢)나라 때 ≪說文解字≫에서 구의(構意) 개념이 이미 사용되었다. ≪說文解字≫는 하나의 구건이 동일한 의도를 나타내면 같은 의미라고 하여 구의(構意)를 사용하고, 本義를 사용하지 않은 것을 알 수 있는데, 이것은 문자학의 구의(構意)와 훈고학의 본의(本義)를 구분한 것이기도 하다.

구의(構意) 분석을 통해, 우리는 또 한가지 한자구형의 특징과 그 형성 원인을 알 수가 있으며, 초기 한자의 대다수가 형체의 결합방식(形合)으로 이루어진 것으로, 이 결합은 상하·좌우의 상대적인 위치에 따라, 사물의 관계를 반영할 필요가 있다. 또 위에서 언급한 갑골문의 "洗"·"浴"·"沫" 세 개 글자를 보자. 사람이 대야에 발을 씻고 목욕하고 얼굴을 씻는 광경을 묘사하기 위하여, 글자가 결합될 때 대야를 반드시 아래에 두어야 하고, 얼굴은 대야에 근접하여 위쪽에 두어야만 한다. 이러한 결합은 사물의 원래 상황을 완벽하게 나타낸 것으로, 이렇게 합쳐진 글자가 이차원의 평면으로는 되지만, 선의 형식으로 될 수는 없다.

그러므로 네모난 한자의 형식은 고문자 시대에 이미 갖추어졌고, 한자는 의미와 의미가 결합된 글자(義合造字)와 의미와 소리가 결합된 글자(義音造字)로 발전하며, 한 차례 전체구형의 정리규범화를 거쳐서 上下·左右의 이차원의 네모 형식을 유지했던 것은, 한자의 표의성으로 인한 필연적인 결과인 것이다.

한자 발전의 역사적 사실로 본다면, 완전하게 의미를 구성한다는 것이 한자가 원래 형체를 구성할 때 보편적으로 있었던 것은 아니다. 지금 우리가 볼 수 있는 가장 이른 시기의 한자가 갑골문(甲骨文)이지만, 갑골문의 모든 자형을 해석할 수가 없고, 또 일부 글자는 단지 추상적인 구별만 가능한 부호이므로, 후대의 문자와 대조한 후에야, 비로소 구별할 수가 있다.

초기 고문자(古文字)중에, 어떤 부분은 해석하기가 어려운데, 그것은 의미의 구성이 분명하지 않으므로 "구의불명(構意不明)"이라고 하지만, 구의불명(構意不明)이라고 해서 "구의"가 없다고는 생각하지 않는다.

한자는 진(秦)나라 때 문자 통일 전후로 통용되었던 고예(古隸) 즉 진예(秦隸)와 정리 규범화 한 소전(小篆)시기를 과도기로 하여, 고문자(古文字)와 금문자(今文字)의 두 단계로 구분한다. 예변(隸變)이 시작되면서 한자의 구의(構意)는 대부분 그대로 전해오지만, 어떤 부분은 비교적 큰 변화가 생겼는데, 이러한 변화는 다음의 세 가지로 나뉜다.

1. 이거중구(理據重構, 글자의 이해적 근거가 다시 만들어진 글자)

서사와 변이로 인해 형체와 의미가 다를 때, 사용자 생각대로 구의(構意)를 찾기 위해, 새로운 형체에 맞추거나 혹은 그 의미에 억지로 갖다 붙여서, 구형을 다시 만드는 것을 말한다. 예를 들면 :

"射"자는 금문(金文)에 "🏹"자로 쓰는데, 한 손에 활과 화살을 들고 있는 합체상형자(合體象形字)다.

소전(小篆)에서 "🏹"쓰며, 활의 형체가 "身"자로 바뀌었는데, 화살형체는 의미화(義化)된 구건인 "矢"로 되어, 신체가 활을 쏘는 의미로 변하였다. 또 "🏹"로도 쓰는데, 손을 표시하는 "又"자가 "寸"자로 변하였고, 소전(小篆)에서는 법도의 의미를 가지고 있는 행위는 글자가 또 "又"에서 모두 "寸"자로 변했는데, 활을 쏘는 것과 예의규범과 관계가 있으므로 이렇게 변했다.

어떤 것은 초기에 "원래 그 글자가 없는데, 소리에 의해 사물을 만드는" 가차자(假借字)로 원래 형체와 의미가 같지 않고, 구의(構意)를 갖추지 않았지만, 한자 변화과정에서 형체가 변해 구의(構意)가 생기기도 했다.

갑골문(甲骨文) 시대에 "東"자는 소리가 비슷하고, 뜻이 주머니인 "橐"자를 빌려 표시하게 되었고, 소전(小篆)은 형체 변화를 거쳐, "日"자가 "木"가운데 놓인 "東"자로 다시 만들어진 것으로, 이렇게 다시 만들어진 것은 시간이 지나면서, 대부분의 사람들이 받아들여 확정되어 졌다.

이렇게 이루어진 글자형체는 변화된 형체에 따라 형체와 의미가 여전히 같기는 하지만, 처음의 형체와 의미는 이미 다르므로, 자원(字源)으로 거슬러 올라가 연구하기 시작하는 현상을 "와변(訛變)"이라고 한다. 한자구형학(漢字構形學)에서는 "와변(訛變)"이라는 단어를 쓰지 않는다. 왜냐하면, "와변(訛變)"이란 원시상태에서 후대의 구형(構形)과 구의(構意)가 형성되는 것을 살피는 것인데, "와(訛)"는 "잘못·과오"의 뜻으로, 근거가 다시 만들어진 한자는 정상적인 변천에 속하며, 변화후의 구형과 구의는 다른 공시적(共時的)측면에 속하므로, 다른 구형 체계 안에 존재한다면 반드시 새로운 구형체계로 보아야 하기 때문에 이전의 구형과 다르다고 해서 "잘못된 것(錯訛)"이라고 할 수는 없다.

2. 이거 부분 상실(理據部分喪失, 이해적 근거가 부분적으로 상실 된 것)

글자의 변천과정에서, 어떤 부건(部件)은 변하여 기호화되고, 구의 (構意)도 분명하지 않지만, 여전히 근거를 보존하고 있다.

예를 들면 :

"監"자의 형체는 갑골문(甲骨文) "📿"에서 유래되었는데, 원래 한 사람이 물을 담은 대야에 몸을 숙여서 자신의 모습을 들여다보는 것으로, 고대의 거울을 표현했는데, 파생되어 "관찰"의 의미로 되었다. 소전(小篆)은 "目"자가 "臣"으로 바뀌었고, 해서체(楷書體)는 사람이 누워 있는 형상으로 되어, 대야의 한 획의 "水"는 누워있는 사람 아래로 되어, 결과적으로 위 부분 형체의 근거가 완전히 상실되었지만, 아래 부분의 그릇은 여전히 고대 대야의 물이 "거울"로 되었다는 구의(構意)를 연상시킨다.

3. 이거 완전 상실(理據完全喪失, 이해적 근거가 완전히 상실된 것)

일부 한자 자형이 변화함에 따라, 부건(部件)은 근거 없이 변화 혹은 점합되어 눈으로 보기에도 완전히 구의(構意)를 상실한 것이 있다. 근거 없이 변화 된 것 : 예를 들면,

"朋"자는 갑골문(甲骨文)에서 양쪽 두 방향으로 꿴 구슬과 조개꾸러

미로, 일종의 화폐를 표시하므로, "붕당을 만들다"라는 의미가 있다. 소전(小篆)에는 "夛"와 같이 쓰여, "봉황"의 모습으로 바뀌었고, "무리"라는 의미를 취해서 본래 의미가 "붕당"이 되었다. 예서(隸書)·해서체(楷書體)는 변화되어 두 개의 "月"자가 되면서 형체도 두 개로 되었고, 원래는 독체자이므로 완전히 그 글자의 근거를 찾아 볼 수 없는 예이다.

"要"자는 갑골문(甲骨文)에는 한사람이 허리를 잡고 서있는 모습으로, 소전(小篆)에서 형체가 변하여 근거가 다시 만들어진 예로 "交"자의 소리를 따서 형성자(形聲字)로 되었고, 예서(隸書)와 해서체(楷書體)는 "西"자와 "女"자로 의미를 나타내며, 형체가 두 개로 나뉘어 졌는데, 원래는 독체자(獨體字)로 근거를 완전히 상실한 것이다.

"執"자는 갑골문(甲骨文)에 두 손이 수갑에 채워진 사람이 형틀 안에 있는 모습으로, 해서체(楷書體)는 몇 번의 변화를 거치면서 구의(構意)가 완전히 상실되었다.

부건(部件)이 합쳐지게 된 것 : 예를 들어, "更"자는 소전에 "𩅧" 쓴다. 원래 "⺕"자와 "卜"자가 합쳐져서 "⺜"자를 만들고, "丙"이 소리를 나타낸다. 해서체(楷書體)에서는 점합(粘合)되어 구의(構意)를 상실하고 새로운 독체자(獨體字)로 합체가 되어, 더 이상 원래의 구의(構意)를 볼 수가 없다.

공시적(共時的) 측면에서 본다면, 후기 한자의 구형분석은 원래의 형체 상황에 따라야 하므로, 근거가 다시 구성된 글자는 "잘못된 것"이라고 할 수 없고, 발전으로 보아야 한다. 그러므로 다시 결합 된 후의 구의(構意)에 따라, 자형을 분석해야 한다.

부분적으로 근거를 상실한 글자 중에는 아예 분석을 할 수 없는 부분이 있는데, 그렇다고 구건(構件)의 기능을 억지로 분석해서는 안 된다. 근거를 완전히 상실한 글자는 분석을 중지하고, 특히 형체에 따라서 분해를 해서는 더욱더 안 된다. 예를 들어, "要"자는 여전히 독체자(獨體字)로 보아야 하며, "西"자와 "女"자로 분해해서는 안 된다는 것이다.

"執"자도 분해하여 "幸"과 "丮"으로 할 수 없다. "更"자는 합체형 독체자(獨體字)로 처리해야지 더 이상 분해해서는 안 된다.

하지만 두 부분의 글자를 해석할 때는 처음 구형의 상태와 형체 변천의 상황을 참고하여, 원류를 거슬러 올라가 다시 해석해야만 한다.

예를 들면, 갑골문(甲骨文)·금문(金文)의 "受"자는 각각 "ᆑ·ᆑ"로 쓴다. 위·아래 두 손이 쟁반을 주고받으므로 "교부"와 "받다"라는 뜻이 되고, "舟"자는 음을 나타낸다. 소전(小篆)에 와서 형체가 "ᇙ"로 되었다. 윗면의 한 손은 약간 변형 된 것이고, 중간의 "舟"자는 간소화되어 "冖"로 되었으며, 아래의 한 손은 변하지 않았다. 원류로 거슬러 올라가서야 "受"자의 구의(構意)를 명백히 알 수 있다.

"兼"자와 "共"자는 해서체(楷書體)를 거치면서 어떻게 이 글자들이 "겸하다·공통"의 뜻이 되었는지를 알 수가 없게 되었다. 소전(小篆)으로 거슬러 올라가야 "兼"자의 소전체(小篆體)가 "ᇸ"로 쓰며, 두 개의 벼 "禾"를 중간에 한 손 "又"로 잡고 있는 것이므로, 겸하다·겸병의 뜻이 있다는 것을 알 수 있다.

"共" 자는 ≪說文≫소전(小篆)에 "ᇹ"로 쓰여져 있다. 아래 부분은 두 손이고 위에는 "廾"자인데, 해석하기가 매우 곤란하다. 중문(重文)이면서 고문(古文)이기도 한 이 글자는 "ᇻ"로 쓰여져 있는데, 위쪽에는 두 손이 마주하고 있고, 네 손이 함께 "공통"·"일제히"라는 의미가 있다.

해서체(楷書體)에서는 "🙏"가, 모두 "廾"혹은 "㇏"로 변하였다. "共"자 이 외에 "🙏"는 弄 자로 변하였고, "🙏"은 "兵"으로 변하였고, "🙏"은 "㇏"로 변했다.

"🙏"자의 번체자(繁體字)는 "盡"으로, 구의(構意)를 명확히 밝히기 어렵다. 갑골문(甲骨文)의 자형은 "🙏"이다.

"皿"과 "手"가 뜻을 나타내며 세척기를 들고 있으며, 손으로 세척용 구를 쥐고 그릇을 씻는 형태로 다 먹었다는 뜻인데, 전국문자(戰國文 字)에서 조금의 변화가 생겼고, 소전(小篆)에서는 손에 세척용구를 쥐 다와 손으로 붓을 쥐다의 "聿"자와 매우 비슷하기 때문에 전국문자(戰 國文字)부터 "栗"자가 "八"자로 바뀌었다.

예서(隸書)는 아랫부분이 "火(灬)"로 바뀌었고, 구건(構件)자체에 많 은 변화가 생겨, 구의(構意)를 정확히 이해하기 위해서는, 갑골문(甲骨 文)으로 거슬러 올라가야 한다.

원류로 거슬러 올라가 구의(構意)를 고찰할 때, 그 자형이 갑골문(甲 骨文) 혹은 금문(金文) 혹은 소전(小篆)일 수도 있다. 반드시 최초의 자 형을 찾아야만 하는 것은 아니고, 글자가 만들어진 의도를 알 수 있도 록 뜻과 형체가 같아진 때만 알면 되는 것이다.

위에서 얘기한 "兼"자는 소전(小篆)에서 구의(構意)를 알지만, "受" 자는 갑골문(甲骨文)과 금문(金文)에 이르러서야, 비로소 구의(構意)를 찾을 수가 있는 것이다.

구의(構意)를 갖추지 못하거나 잃어버린 자형으로, 형체만 보고 구 의(構意)를 맘대로 조작하여 뜻을 취하는 것을 "望形生義"라 하며, 한 자구형의 체계와 과학적인 응용에도 이롭지 못하다. 앞에서도 얘기했

듯이, 설사 고문자(古文字)라도, 한 글자 한 글자 모두 직접 구의(構意)
를 분석할 수는 없다. 구의(構意)를 분석하기 어려운 소수의 한자들은
설사 의문이 생기더라도 함부로 해석해서는 안 될 것이다.

한자구형학강좌

제4강

한자(漢字)의 서사(書寫)요소와 구형(構形)요소

한자구형학강좌

한자**구형학**강좌

제4강
한자(漢字)의
서사(書寫)요소와
구형(構形)요소

선(甲骨文·篆文)이나, 주조한 흔적(金文), 필획(隷書·楷書)은 한자의 서사요소(새기는 것과 주조하는 것을 포함하여)이다. 한자는 해서체(楷書體)까지 발전하면서, 필획(筆劃)은 이미 정해졌으므로, 명칭과 순서·수를 셀 수 있는 서사단위로 변하였다. 필획(筆劃)의 구체적인 모양을 "필형(筆形)"이라고 하는데, 필획(筆劃)의 명칭은 필형(筆形)에 따라 정해진다. 가로 횡(橫)(굽어지지도·꺽이지도·끊어지지도 않는 좌우 일직선으로 놓이는 필획)·수(竪)(굽어지지도·꺽이지도·끊어지지도 않는 상하 수직으로 된 필획)·별(撇)(좌측을 향해 아래로 비스듬한 필획)·날(捺)(우측을 향해 아래로 비스듬한 필획)·제(提)(오른쪽 위를 향한 비스듬한 필획)·절(折)(방향이 변화하여 연결된 필획)·점(點)(橫·竪·撇·捺·提를 구성하기에 부족하여 끊어진 작은 필획)이 해서(楷書)의 기본 필형(筆形)이다.

필형(筆形)은 사용목적에 따라 포괄적으로 혹은 세분화할 수 있는데, 만약 검색·배열을 위해서라면, 세분화하지 않아도 되므로, 현대 辭書에서 말한 오합법(五合法)인 횡(橫)·수(竪)·별(撇)·점(點)·절(折) 다섯 종류의 필형(筆形)만 사용하면 된다. 만약 서법을 가르치거나 그리기 위해서는 세분화해야 하므로, 별점(撇點)·제점(提點)·돈점(頓點) 등으로 분류해야 한다. 꺽임 또한 방식이나 방향과 순서에 따라서 세분화 할 수가 있다.

해서(楷書)의 필획(筆劃)은 시작과 끝이 고정되어 그리는 형태와 그려진 양식이 일치하여 고정화되므로, 필획(筆劃)을 셀 수가 있다. 이것은 필획(筆劃)이 정형화되지 않은 고문자(古文字) 단계에서는 필획(筆劃)을 세기란 힘든 것이다. 비교를 해본다면,

갑골문(甲骨文)의 "果"자와 소전(小篆)의 "果"자는 이미 그려진 형체로는 서사 때의 시작과 끝 순서를 알기가 어렵고 선의 수량도 셀 수가 쉽지 않지만, 예서(隷書)와 해서(楷書)에서는 필순(筆順)과 필획(筆劃) 수를 확실히 알 수가 있다.

필순(筆順)이란 붓글씨를 쓰던 선조들의 경험에서 나온 것으로, 그 중에는 상당한 융통성과 개인적인 서사 습관이 깃들어 있으므로, 원래 절 대적인 규칙이라고 말할 만한 것은 없다.

특히 숙련된 서예가는, 일정한 범위 내에서는 어느 한 필획(筆劃)을 먼저 쓰던지 간에, 글자의 정확성이나 미관에는 결코 영향을 끼치지 않 는다.

한자의 규범적인 필순(筆順)은, 순서를 정하기 위한 것으로, 글자를 검색하기에 매우 편리하다. 초학자들에게는 일정한 규칙에 따라, 한자 (漢字)를 바르고 질서 있고 좋은 습관을 기르는 것이 매우 필요하다. 선 조들이 총괄 해낸 필순(筆順)규칙은 아래의 몇 가지가 있다.

위를 먼저 쓴 후에 아래를 쓰고(字), 왼쪽을 먼저 쓴 후에 오른쪽을 쓰고(河), 가로를 먼저 쓴 후에 세로를 쓰고(木), 가운데를 먼저 쓴 후에 양옆을 쓰고(小), 전체적으로 연결된 것 먼저 쓴 후에 끊어지는 획을 쓰 며(匹), 꺾는 것을 먼저 쓰는 것(凸·乃) 등등이다.

국가어문위원회는 이미 필순규범을 정하여, 필순과 규정에 따라 한 자를 쓰도록 하고 있다. 이렇게 해야만 글자마다 필획을 무턱대고 외우 는 것보다 이해하기가 더 쉽다는 것이다.

한자의 구형단위는 구건(構件)·부건(部件)이라고도 한다. 하나의 형 체가 글자를 구성할 때 그 글자를 구성하는 하나하나의 요소를 "구건 (構件)"이라고 한다. 예를 들어 "日·木"은 "杲"의 구건(構件)이고, "木" 은 "森"의 구건(構件)이다. "亻"·"列"은 "例"의 구건(構件)이다.

우리는 한자를 분해할 때, 더 이상 분해할 수 없는 가장 최소단위까 지 분해하는데, 이 최소단위를 한자의 기초구형 요소인 "형소(形素)"라고 부른다.

예를 들어, "諾"와 "器"의 두 글자

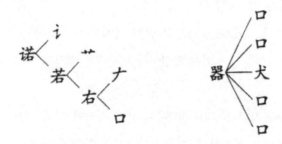

"諾"은 여러 단계로 분해한 것이고, "器"자는 한 번의 분해로 그친 것 인데, 이 두 글자는 똑같이 다시 분해할 수 없는 형소(形素)까지 분해하였다. 일반적으로 한자의 구형(構形)과 구의(構意)는 통일된 것으로, 이 형소(形素)도 형체가 상대적으로 독립된 것으로, 구의(構意)를 나타낼 수가 있다. 예를 들면, "諾"자중의 "ナ"는 "又"의 변형으로 오른쪽 손을 표시한다. 그것은 다시 "一"과 "ノ"로 더 이상 분해할 수 없다.

왜냐하면 이 두 개의 필획(筆劃)은 형체에서 이미 독립성이 없고, 표음(表音)·표의(表意)·표형(表形)을 표시하거나, 구의(構意)를 구별하는 기능도 갖추지 못했기 때문이다. 같은 한자라도 발전 단계가 다르면 구형 형소(形素)가 다르게 나타난다.

　예를 들면, 소전(小篆)의 "诺"자와 앞에서 예로 든 현대 간체자 "诺" 자는 좀 차이가 있다.

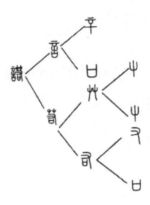

　현대 간화자(簡化字)와 소전체(小篆體)를 비교하여 보면, 현대한자 (現代漢字)에서는 분해하거나 구의(構意)를 나타내는 것이 고문자(古文 字)처럼 세밀하지 못하다는 것을 알 수가 있다. 왜냐하면, 소전(小篆) 에서 예서(隸書)·해서(楷書)로 발전하면서 한차례 간화 과정이 있었 고, 필획(筆劃)이 간소화된 것 외에 서사도 간편하게 하기 위해, 형소 (形素)가 서로 점합하는 상황이 발생했기 때문이다. 풀 "艹"자는 두 개 의 풀 "屮"가 점합된 것이다. 점합된 후의 구형요소는 다시 형체를 분 해하기가 어렵다. 이것은 우리들에게 한자를 이해하고 인식하는 것이, 한편으로 다른 시대 한자의 실제 모습을 객관적으로 기술해야 하고, 다 른 한편으로는 역사를 거슬러 올라가 더욱 깊게 이해하도록 하기 위한 것이다. 예를 들어, "右"자를 다시 분해할 수 있겠는가?

　"𠂇"는 독립적인 구의(構意)를 나타낼 수 있는가? 고문자(古文字)를 참 고한다면 더 합리적이고 과학적으로 이해할 수 있다.

단계에 따라 분해한 한자는 한 글자가 그 글자의 형소(形素) 단위 과정까지로 글자의 구형단위를 "과도기적인 구건(構件)"이라고 지칭하고, 단계별로도 이렇게 지칭한다.

예를 들어 :

"諸"자는 아래의 삼급구건(三級構件)이 있다

일급구건(一級構件) : 讠·若

이급구건(二級構件) : 艹·右

삼급구건(三級構件) : 𠂇·口

일급구건(一級構件)은 직접적으로 전체 글자를 이루며, 그 글자를 만든 의도(造字意圖)가 직접구건(直接構件)을 통해 나타나므로, 일급구건(一級構件) 혹은 직접구건(直接構件)이라고 한다. 예를 들어, "鞭" 자를 만든 의도는 직접구건(直接構件)인 "革"과 "便"에 나타나고, "革"으로는 의미를 명확히 분류하고, "便"으로는 소리 정보를 나타낸다.

독체자(獨體字)로서의 구건(構件)이 그 글자 자체로 기초구건(基礎構件)·직접구건(直接構件)과 전체 글자는 모두 똑같다. 예를 들어, "自"의 형소는 "自"로, 직접구건(直接構件)과 전체글자 또한 "自"이다.

이상은 분해한 순서로 말한 것으로, 분해하는 순서를 반대로 하면 결합되는 순서로 한자는 한 층 한 층 단계에 따라서, 각각 등급에 의해 순서대로 구성된다.

"諾"자의 구성 순서는

위에서 볼 수 있듯이, 형소(形素)는 단계별로 결합하는 글자에서, 한 단계 한 단계 더해진 것이다. 비록 똑같이 가장 작은 구형 단위라 할지라도, 각자 다른 단계를 거쳐 나온 것이다.

"𠂇"와 "口"자는 결합의 제일 첫 번째 단계에서 나왔고, "言"은 세 번째 단계에서 나왔다. 또 비출 "照"자의 구성 단계는 :

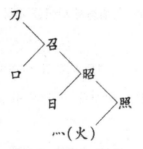

칼 "刀(도)"와 입 "口(구)"는 결합하는 가장 첫 번째 단계로, 날 "日(일)"은 두 번째 단계, 불 "火(화)"는 세 번째 단계가 되어서야 구건(構件)으로 참여한 것이다.

구건(構件)은 글자를 만들 수 있는 구건인 성자구건(成字構件)과 글자를 만들 수 없는 비자구건(非字構件)으로 구분한다.

성자구건은 독립적으로 글자도 만들 수 있고, 다른 글자를 만드는데 참여할 수도 있으며, 구의(構意)를 나타낼 수 있는 구건(構件)에 참여할 수도 있다. 다시 말해 다른 글자의 구건(構件)을 만들지 않더라도, 그 자체가 하나의 완전한 글자로, 언어중의 어떤 단어를 기록할 수 있다.

예를 들어, "目"자가 "睛"과 "瞳"자의 구건(構件)이 될 때, 글자가 만들어진 의미는 "눈"과 연관 있는 것을 나타내고, "目"자 자체가 하나의 독립된 글자로, 언어중의 "눈"이라는 의미를 나타낸다.

"胡"자가 "湖"자의 구건(構件)이 될 때, 그 구의(構意)는 "湖"자의 독음을 나타내고, "胡"자 자체는 "hu"라는 독음과 턱의 살을 뜻하는 "頷肉(함육)"의 의미가 된다.

"目"과 "湖"는 모두 성자구건(成字構件)이다.

비자구건(非字構件)은 다른 구건(構件)에 종속되어야만 구의(構意)를 나타낼 수 있는 것으로, 독립해서 단어를 기록할 수 있는 구건(構件)이 아니다.

이러한 구건(構件)은 단어를 기록할 수 없다.

비자구건(非字構件)은 아래의 네 가지 유형이 있다.

1. 표식으로 삼거나 혹은 구별을 표시하는 한가지 필획(筆劃)이나 그 필획(筆劃)으로 만들어진 글자군.

예를 들어, "末"자 위의 횡으로 된 "一" 획은 "木"자에 종속된 것으로, "木"의 끝을 표시하는 것으로, 스스로 독립되어 존재할 수가 없고, 언어에서 단어를 구성하지도 못한다.

"刃"자의 한 점·또 "亦"자의 두 점·"母"자의 두 점·"夫"자의 짧은

횡(橫), 모두 성자구건(成字構件)에 종속되어야만 존재할 수 있고, 구
의(構意)는 글자를 구성하는 구체적인 환경에서만 나타난다.

2. 고문자(古文字)로부터 전승되어 오는 글자를 이루지 못하는
   상형부호(象形符號)

예를 들면, "果"자 위 부분의 "田"자는, 원래 과실의 모습에서 변한 것
이고, "番"자의 아래 부분의 "田"자는 원래 짐승의 다리 모습이 변한 것
이며, 위 두 글자는 "田地(논밭, 경작지)"의 "田"자와 형체는 같지만, 음
과 뜻이 없는 비자구건(非字構件)이다.

"谷"자는 ≪설문해자≫에 "餰"로 쓰는데, 샘이 흘러나와 하천과 통
하는 것이 "谷"이다. "水"가 반 정도 보이고, 입구로 나온다. 위 부분은
비자구건(非字構件)이고, 해서(楷書)로 전해 내려오면서, 여전히 구의(構
意)는 있고, 실의(實意)는 없는 비자구건(非字構件)이다.

"兪"자의 칼"刂"는 원래 물"水"의 변형된 형체로, 소전(小篆)에서 이
미 글자로 된 것이 아니고 해서(楷書)로 내려와서도 여전히 비자구건(非
字構件)이다.

3. 부수(部首)로 충당되므로 위치도 바뀌어서 변형된 형체.

예를 들면:

"水"는 좌변에 "氵"로 쓴다

"火"는 아래에 "灬"로 쓴다.

"肉"자는 좌측에 "月"로 쓴다.

"刀"는 오른쪽에 "刂"로 쓴다.

"手"는 좌변에 "扌"로 쓴다.

"阜"자는 좌측에 "阝"로 쓴다.

"邑"자는 오른쪽에 "阝"로 쓴다.

이 부분에서, 비자구건(非字構件)은 ≪說文解字≫에서 글자를 구성하는 빈도가 비교적 높은 부수(部首)에 속하는데, 구형(構形)의 표시뿐만 아니라, 구의(構意)도 결정한다.

≪說文解字≫에서 비자구건(非字構件)의 대부분이 글자를 구성하고 있는데, 아래 소전(小篆)을 보면, 이 부수는 어느 부위에 놓이든 독체자(獨體字)와 쓰는 법이 똑같으므로, 모두 글자를 만들 수 있게 된다.

예서(隷書)·해서(楷書)단계로 발전하며, 형체에 변화가 생겼고, 글자를 만들 때의 위치가 고정되므로 인해 일종의 규범화가 나타났지만, 이러한 일종의 규범화된 글자들은 서사의 원인으로 인해 독체자가 될 때의 양식이 이미 달라져서, 비자구건(非字構件)으로 바뀌게 된 것이다.

이 구건(構件)과 위의 두 종류의 차이점은, 비록 독립적으로 한어를 기록할 수는 없지만, 글자와의 대응관계가 질서정연하고, 구의(構意) 또한 글자를 구성하는 것과 완전히 똑같아 매우 명확하다는 것이다. 이러한 구건(構件)을 "구조 부수(結構部首)"라고 한다. 이것은 단지 부수를 검색하고 구별하기 위해 만든 것이다.

4. 변형 혹은 점합 · 글자의 이치적 근거를 상실한 단계를 거친 기호구건(記號構件).

예를 들어, "冬"자의 위 부분은 고문(古文)에 "終"(𠂒)쓴다. 원래 성자구건(成字構件)인데, 해서(楷書)에서 기호구건(記號構件)이자 비자구건(非字構件)도 되는 것이다.

"貴"자의 위 부분은 본래 잠깐 "臾(유)"(고문에 蕢자)로 성자구건(成字構件)이다. 해서(楷書)에서 변형되어 비자구건(非字構件)으로 되었다.

"春"자의 위 부분은 원래 풀 "艸"와 "屯"이 합쳐진 후에 비자구건(非字構件)으로 변하였다.

이론에서 한자의 서사단위(書寫單位)와 구형단위(構形單位)는 반드시 구별되어야 하는데, 먼저 한자의 구건(構件)은 구의(構意)를 나타내는 것이지만, 필획(筆劃)은 구의(構意)를 나타내는 기능이 없다.

예를 들어 "革"자는 전체 구형(構形)으로, 털을 제거한 가죽이 구의(構意)인데, 필획(筆劃)으로 분해된 뒤에 각 필획(筆劃)은 글자를 만든 의도를 나타낼 수 없다. 이는 구건(構件)과 필획(筆劃)이 근본적으로 차이가 있기 때문이다.

다음으로 한자구조의 생성과 서사의 순서는 완벽하게 일치하진 않는다.

서사는 한 획 한 획 쓰는 것이지만, 모두 다 첫 번째 구건(構件)을 쓴 다음 다시 두 번째 구건(構件)을 쓴다고 할 수는 없다. 왜냐하면 글씨를 다 쓴 후에야 비로소 전체 구건(構件)의 배치를 볼 수가 있기 때문이다.

예를 들어, "回"자는 "口(위)"자와 "口"자 두 개의 구건(構件)으로 되어있다.

그러나 글씨를 쓸 때 먼저 바깥의"口(위)"자를 쓴 뒤에 안의 "口(구)"자를 쓰는 것이 아니고, 또 먼저 안의 "口(구)"자를 쓴 뒤에 밖의 "口(위)"자를 쓰지는 않는다.

동녘 "東"자는 "木"자와 "日"자의 두 개 구건(構件)으로 이루어졌고, 쓸 때 "木"자와 "日자" 중 하나를 먼저 쓰고, 나중에 또 하나를 쓰게 된다.

낄 "夾(협)"자는 큰 "大(대)"와 두 개의 사람 "人(인)"으로 이루어졌으나, 쓸 때 결코 큰"大"와 두 개의 사람 "人"을 순서에 따라 각각 쓰게 되는 것은 아니다.

세 번째로 구조(構造)의 생성과 서사(書寫)순서는 일치하지 않으므로, 분석하는 정규글자체 구조를 분석할 때는 주로 구건(構件)과 기능을 분석한다. 변형된 글자체를 분석할 때는 쓰는 과정에서 글자체의 변형이 생기는 것이므로, 먼저 서사순서와 필획(筆劃)의 배치정도를 고려해야 한다. 만약 서사(書寫)와 구형(構形)을 구별해내지 못한다면, 다른 현상을 분석할 때 매우 곤란하므로, 원류와 본질을 완전히 다르게 이해하게 된다.

그러므로 형소(形素) 중에서도 여러 개의 필획(筆劃)으로 되어 있는 것이 적지 않으므로, 한자의 구형을 분석할 때 필획(筆劃)을 가장 아래 단계인 최하 단위로 삼아야 한다. 또 간단하게 한 가지 필획(筆劃)으로 되어 있는 구건은, 양면성을 지니고 있으므로, 이론체계의 치밀함을 위해서, 쓸 때는 필획(筆劃)이라 하고, 형체를 구성할 때는 "단필구건(單筆構件)"이라고 한다.

이것은 마침 형체·소리·의미를 갖춘 글자는 때때로 양면성의 기능을 가지고 있으므로, 글자를 만들 때는 "구건(構件)"이라 하고, 단독으로 사용될 때는 "글자 혹은 자양(字樣)"이라고 한다.

한자구형학강좌

제5강

평면구조(平面構造)와

단계구조(層次構造)

한자구형학강좌

한자**구형학**강좌

제5강

평면구조(平面構造)**와**
단계구조(層次構造)

한자는 한정된 형소(形素)로 수 만개의 글자를 만들어내므로, 평면구조(平面構造)와 단계구조(層次構造)인 두 가지 결합 유형으로 나뉜다.

평면구조(平面構造)는 구건(構件)이 일차적으로 일시에 결합된 것이다.

예를 들어 앞장에서 얘기한 그릇 "盥"자, 또 소전(小篆)의 "鼻"·"壽"·"解"·"兪"자 등등 모두 세 개 이상의 구건(構件)이 결합한 것으로, 결합의 앞뒤 단계를 알 수가 없다.

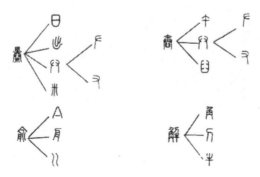

이런 평면구조(平面構造)의 글자는 두 가지 유형으로 구의(構意)를 나타낸다. 하나는 여러 가지 의미가 모여서 전체 글자의 의미를 표시하는 것으로, "暴"자의 의미는 햇볕을 쬐는 것으로, "日"·"出"·두 손과 쌀이 합쳐져서 햇빛을 쬐는 의미를 나타낸다.

"兪"자의 본래 의미는 나무에 구멍을 뚫어 배를 만드는 것이다. "스(集)"·"舟"·"《(물의 변이체)"가 합쳐서 의미를 나타내는데, 이 글자는 실제 사물이 결합된 모습은 아니고, 단지 구건(構件) 자체가 가지고 있는 의미나 소리정보로 구의(構意)를 나타내는 것이다.

다른 하나는 그림식 결합이다. 소전(小篆)의 "舂"은 두 손으로 절구 공이를 잡고, 절구 안에 쌀을 찧는 생동감 있는 장면으로 동사"舂"의 의미를 나타낸다.

정보가 모이거나 그림이 결합 되는지를 막론하고 평면구조 글자는 모두 세 개 이상의 구건(構件)이 일시적으로 한번에 결합 된 것으로 그 단계를 구별할 수 없다.

대부분의 한자는 단계식(層次性) 결합으로 되어있으며, 주로 하나의 한자는 형소(形素)나 구건(構件)이 단계별로 점차 한층 한 층씩 첨가해서 된 것이다.

"溢"·"歷"·"繳"·"灝"의 네 글자가 예가 된다.

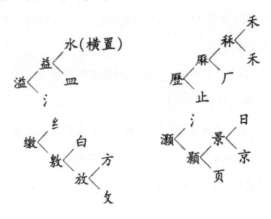

이 네 글자는 형소(形素)로 시작하여 한 층씩 쌓여 이루어진 것이다. 이 등급식 한자구조는 직접구건(直接構件)을 통해 구의가 나타나고, 다른 구건(構件)은 직접적으로 한자의 구의(構意)에 영향을 끼치지 않고, 단지 한 단계 한 단계씩 쌓여서 전체 글자를 나타내므로, 한자의 구의(構意)에 간접적으로 영향을 끼친다.

"溢"은 형성합성자(形聲合成字)로, "氵"는 의미를 나타내고, "益"은 소리를 나타낸다.

"益"의 구건 "水"(물 수가 횡으로 놓인 것)와 "皿"은 "益"자에서 직접적으로 구의(構意)에 영향을 끼치지 않으며, 이 단계가 없다면 "溢"자의 소리부호를 알 수 없다.

하지만 "益"과 "溢"의 관계는 일반적인 형성합성자(形聲合成字)에 비해 더 복잡하다. "益"중의 횡으로 놓인 "水"자는 그릇이 가득 차 넘치는 것을 표시한다.

원래 "그릇에 가득 차 넘치는 의미"로 만든 글자로 파생되어 "이익"의 의미가 되고, 후에 "이익"의 의미가 "益"의 상용화된 의미가 되며, 다시 물 "水"변이 더해져서 넘쳐나는 것을 표시하고, 원래 "益"자는 소리 부호로 바뀌게 되었다.

"歷"자는 두 개의 "禾"자의 결합을 기점으로, "秝"이 되어 "균형이 잡히다·고르다"의 의미로 쓰인다.

"秝"과 "山岩"을 표시하는 "厂"이 결합되어, "厤"의 독음을 가지게 됨과 동시에 "경력"의 의미를 나타낸다. 뒤에 "경력"의 의미를 더욱 명확하게 하기 위해서, 발을 표시하는 "止"가 덧붙여져 구의(構意)를 더욱 완벽하게 하였다.

"繳"자는 먼저 "혹사하다·마음대로 부리다"의 "攴"에 소리부호 "方"자가 더하여져 "放"자가 되었다. "方"의 독음을 그대로 유지하고 "몰아내다"라는 의미가 함께 생겨났다.

"放"자와 "白"자는 회의자(會意字)인 "敫"자가 되었고, 새로운 독음 "jiǎo"가 되었다. "敫"자는 소리부호로, 의미부호인 "糸"자가 결합되어 "繳"자가 되고, "敫"자의 독음을 유지시키면서, 새로운 의미인 "생사실(生絲縷)"도 만들어냈다.

"灝"의 단계성 결합 역시 특이한데, "日"과 "京"자가 먼저 "景"자가 되고, "景"자에서 "京"자는 소리부호이지만, 한 단계 아래의 "景"자와 "頁"자가 결합해 만들어낸 "hào"자에서는 "京"자의 소리부호 기능이 소실되었다. 또 다음단계에서 "氵"가 결합될 때, "顥"자는 소리부호가 된다.

위의 예에서 보듯이, 단계성 결합에서 형소(形素)의 기능은 자신이 속해있는 단계에서만 영향을 끼치며, 매 단계마다 어떤 새로운 기능을 만들기도 하고, 또 어떤 기능은 소실되기도 한다.

전체 글자의 구의(構意)는 직접구건(直接構件)을 통해 나타나고, 직접구건(直接構件)의 기능은 또 다음 단계의 구건(構件)을 통해서 등급에 따라 생겨난 것이다.

어떤 글자는 평면조합과 단계조합이 종합되어 구성된 것으로, ≪說文≫ 소전(小篆)의 "冠"자와 "暴"자에 다시 "冫"이 더하여진 "瀑"자가 여기에 속한다.

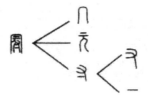

단계구조(段階構造)는 등급별로 만들어지는 방식에 따라, 구의(構意)를 표시하게 되므로, 이 구조는 개괄성이 있고, 기본적인 요소를 최소로 감소시키고, 글자와 글자와의 구형관계가 각각의 단계별로 순서 있게 나타나므로, 체계가 한결 성숙된 구조방식을 이룬다.

평면구조(平面構造)는 특성화된 구조 방식으로, 그림 형식의 고문자구형(古文字構形)이 남아 있어, 단계구조가 차지하는 비율로 한자구형체계의 치밀성을 살펴 볼 수가 있다.

예를 들어, 갑골문(甲骨文)에서는 단계 구조가 20%에서 30%정도인데, ≪說文≫소전(小篆)의 단계구조는 90%이상을 차지한다. 이는 소전(小篆)의 구형체계(構形體系) 치밀도가 甲骨文 보다 높다는 것을 나타내는 수치이다.

구의(構意)를 표현하는 면에 있어서, 평면구조(平面構造)는 일시적인 집합식이고, 단계구조(層次構造)는 생성식이므로, 한자의 형체구조를 분석할 때 두 종류의 구조유형을 정확하게 구분하여야만 글자를 만들어낸 이치적 근거를 정확하게 분석할 수 있으며, 또한 구건(構件)을 분해할 때 오류가 없게 된다.

한자구조의 객관적인 유형과 조합순서에 따라, 한자를 분해하는 것을 "유리분해(有理分解)"(한자의 이치적 근거에 합당한 분해)라 하며, 분석한 최후 결과 뿐만 아니라, 과도기적 구건 모두 합리적으로 분해해야 한다.

예를 들어, 앞에서 예로 든 "緻"자를 만약 두 번째 단계에서 분해할 때, 흰 "白(백)"자와 놓을 "放(방)"자로 분해하지 않고 먼저 "攵"자를 분해한다면, "白"자와 "方"자의 과도기적 구건(構件)이 나타나므로, 이 구건(構件)은 한자에 없는 구건(構件)이 된다.

또 "徒"자를 분해할 때도 "土"와 "辵"로 먼저 분해하고, 다시 "彳"자와 "止"(변형)로 분해해야지, 만약 먼저 "彳"과 "走"를 분해하면, 형성자(形聲字)를 회의자(會意字)로 변화시킬 수 있으므로, 분명히 잘못된 것이다.

분해의 정확성 여부는 먼저 구의(構意)를 나타내는 뜻이 객관적인지 아닌지, 그 다음으로 과도기적구건(過渡期的構件)마다 모두 한자에 있는 형체인지 아닌지를 살펴야 할 것이다.

한자구형학강좌

제6강
결합(結合)할 때
구건(構件)의 기능

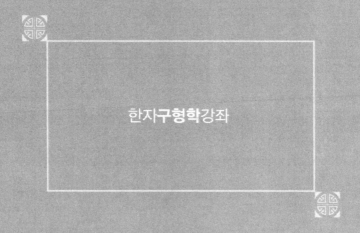

한자**구형학**강좌

제6강
결합(結合)할 때 구건(構件)의 기능

구건(構件)은 글자를 구성할 때 일정한 구의(構意)를 나타내는데, 구건(構件)이 나타내는 구의(構意)의 유형을 구건(構件)의 구조 기능이라고 한다. 구건(構件)은 글자를 만들 때의 그 기능의 유형에 따라 명명하는데, 한자 구건(構件)의 구조기능은 아래의 네 가지로 나뉘어진다.

1 표형(表形)기능(형체를 나타내는 기능)

사물의 모습과 비슷한 형체로 구의(構意)를 나타내는 구건(構件)의 기능을 표형(表形) 기능이라고 한다.

예를 들어, 갑골문 "天"자의 (예문 A) 사람이나 혹은 머리 부분이 돌출 되어있는 것을 나타내는 구건(構件), "福"자의(예문B) 창고에 곡식이 가득 찬 것을 나타내는 구건(構件), "祝"자의(예문C) 사람이 입을 벌리고 하늘을 향해 축복을 기원하는 것을 나타내는 구건(構件), 소전(小篆) "果"자(예문D)의 과일을 나타내는 구건(構件), "亦"자(예문E)의 정면을 향한 사람 모습을 나타내는 구건(構件), "齒"자(예문F)의 치아를 나타내는 구건(構件), "番"자(예문G)의 짐승 발톱 등을 나타내는 구건(構件) 등은, 모두 표형 기능을 가지고 있다.

例A	🚶	(天)	例B	👆	(福)
例C	🙏	(祝)	例D	🌾	(果)
例E	🧍	(亦)	例F	🦷	(齒)
例G	🐾	(番)			

2 표의(表義)기능(뜻을 나타내는 기능)

표의(表義)기능은 구건(構件)이 단독으로 사용될 때 기록하는 단어의 의미로, 구의(構意)를 나타내는 것이다.

"打"자의 "扌"는 "打擊"을 나타내고, 손으로 나타내는 행위의 동작이고, "海"자의 "氵"는 "바다"라는 뜻으로 "氵(水)"와 연관되어 있음을 나타내고, "梅"자의 "木"자는 "梅"가 목본식물(木本植物)이라는 것을 설명하고, "說"자의 "言"자는 언어행위를 나타내며, "森"자의 세 개 "木"자는 많은 수목이 모여 있는 것을 나타낸다. 위에 서술한 구건(構件)은 모두 표의(表義)기능을 가지고 있다.

표의구건(表義構件)과 표형구건(表形構件)을 구별하기란 쉽지가 않다.

먼저, 표의구건(表義構件)은 개괄적인 언어의 의미를 말하고, 표형구건(表形構件)은 사물과 연관된 구체적인 모습을 말한다. 어떤 표형구건

(表形構件)은 글자를 이룰 수 있는 성자구건(成字構件)으로, 이미 사물의 모습과 연관된 의미를 가지고 있으므로, 표형(表形)과 표의(表義)를 구분할 때는 구조적인 특징을 고려해야만 한다.

표형구건(表形構件)으로 이루어진 합체자는 전체 글자 구조의 위치와 방향이 사물의 모습과 일치하여 마음대로 변동할 수 없다. 다음 갑골문의 자형에서 살펴보자.

例A沬　　例B洗　　例C浴　　例D益　　例E盡

이상 沬·洗·浴·益·盡등의 글자는 모두 그릇과 관련이 있으며, 이 글자는 모두 표형구건(表形構件)인 "皿"자를 가지고 있다.

앞에서 설명했듯이, 사람이 대야에 얼굴을 씻고(沬), 발을 씻고(洗), 목욕하는 상황(浴)을 기술하기 위해서는, 글자가 결합될 때 대야는 반드시 아래쪽에 놓여야 하고, 씻기는 손과 발은 대야 안에 놓여야 하고, 손으로 세수를 하는 사람은 대야 옆에 위치하고, 얼굴은 대야 옆 위쪽에 놓여야 한다.

갑골문(甲骨文)의 "益"자는 "滿溢"(넘쳐서 흘러나오는 것)의 본래 글자(本字)로, "水"가 대야에 넘쳐흐른다는 뜻이므로, "水"는 반드시 대야 안에 놓여야 한다.

"盡"자는 손에 세척용구를 들고 그릇을 씻는 형태로 음식을 다 먹은 상태를 표시하며, 손이 옆쪽 위에 놓이게 하고, 씻는 그릇이 대야 안쪽에 놓이게 한다. 이러한 결합은 원래 사물의 상황을 완벽하게 나타낸 것으로, 실제 사물의 모습을 그대로 나타낸 것이다.

그러므로 이 글자에서 위의 구건(構件)들은 모두 표형(表形) 기능을 가지고, 표의구건(表義構件)은 글자에 나타나는 포괄적인 언어의 의미로 결합할 때의 위치가 표형구건(表形構件)같이 반드시 개별적인 것은 아니므로, 만약 지금의 형성자(形聲字)와 같은 음의합성자(音義合成字) 라면 일반적으로 좌측이나 혹은 아래쪽에 놓이게 된다.

갑골문(甲骨文)의 "祝"자와 소전(小篆)의 "祝"자로 比較해보면 알 수 있다.

갑골문(甲骨文)의 "祝"자는 한사람이 입을 벌리거나 손을 내밀어 신을 향해 복을 기원하는 것이다.

"示"자는 신주(神主)의 모습으로, 복을 비는 사람의 앞쪽 혹은 위쪽에 놓이게 되므로, 표형구건(表形構件)이 되지만, 소전(小篆)에서 "示"자는 이미 사물의 모습을 나타내는 성질이 상실되었으므로, "祝"자는 제사 (祭祀)(示)·축수(祝壽)(口)와 연관 있는 의미 정보만을 나타내고, "福·祀 ·祠·禱 등과 같은 형성자(形聲字)의 영향을 받아, 고정적으로 글자의 좌측에 놓이게 되므로 표의구건(表義構件)이 되었다. 또한 소전(小篆) 의 형소(形素)인 "田"자가 "畺"와 "畮"자에서 글자를 이루지만, "畺"자 안 에서 "田"자는 네모 반듯한 논밭의 원래 사물의 모습이고, 두 밭을 세 개의 횡선사이에 놓이게 한 것은 경계선의 실제 상황을 나타내는 것으로, 이 글자에서 "田"은 표형구건(表形構件)이다.

"畍" 중의 "田"자는 "전답"의 뜻만 가지고 있는데, 관례대로 음을 나타내는 "介"가 좌측에 놓여 표의구건(表義構件)을 나타낸다.

일반적으로 표형구건(表形構件)은 고문자(古文字)에서만 존재하는데, 이러한 구건(構件)이 금문자(今文字) 단계로 발전하면서 대부분이 의미화되어 표의구건(表義構件)이 되었다.

고문자(古文字)의 "皿"자 "日"자 등이 그 예이다. 나머지 일부는 글자도 만들지 못하며, 또한 의미화도 못한다.

예를 들면, 소전(小篆)의 "果" · "番" · "胃" 등의 "田"자는 속이 꽉 찬 둥근 형체를 상징하고, "谷" · "向" · "豆" · "員" · "回" · "束" 등의 입 "口"자는 출구나, 속이 빈 원형물이나, 동그라미를 상징한다. 이러한 글자를 이루지 못하는 비자구건(非字構件)과 일부 글자를 이루는 성자구건(成字構件)이 형체가 같고, 금문자(今文字)단계에 이러한 표형구건(表形構件)이 남아있다면, "상징구건(象徵構件)"이라 하며, 표형구건(表形構件)에 귀속시키게 된다.

3 시음(示音)기능(음을 나타내는 기능)

구건(構件)이 글자를 구성할 때 음을 나타내는 것을 시음(示音)기능이라 한다. 예를 들면 "楡" · "松" · "桐" · "梨" · "桃" · "楓"은 나무의 이름을 나타내는 글자로, "兪" · "公" · "同" · "利" · "兆" · "風"은 전체글자의 독음과 비슷하거나 똑같은 것으로, 시음(示音)기능이 있다.

이 시음구건(示音構件)은 "楡" · "松" · "桐" · "梨" · "桃" · "楓"의 나무 이름을 나타내고, 또한 다른 나무의 이름과도 구별한다.

그렇다면 소리부호의 기능을 표음(表音)기능이라 하지 않고 왜 시음(示音)기능이라고 하는가?

왜냐하면 한자의 소리부호는 원래 소리를 표시하는 것이 아니고 글자의 소리를 읽는 기능도 없기 때문이다. 방언의 차이로 인해 글자를 구성하는 소리부호는 어느 지역을 막론하고, 글자마다 그 글자를 구성하는 소리와 절대 같은 소리는 아니며, 단지 비슷하기만 한데, 어음의 변화로 인해 소리부호와 한자와 연관된 소리가 어떤 것은 이미 많이 달라졌지만, 대부분은 비슷할 뿐이다.

한자의 소리부호는 의미 부호가 표시하는 의미의 범위 내에서 문자가 표시하는 개별적인 사물만을 구별한다.

예를 들면, 여성을 표시하는 "女"변의 모든 글자 중에 "馬"·"且"·"未"·"古"·"夷"·"審" 등의 소리부호는 "媽"·"姐"·"妹"·"姑"·"姨"·"嬸" 등의 글자와 "女"자가 연관된 글자를 구별한 후에, 언어의 실제 독음에 따라 이러한 글자를 읽는다.

만약 소리부호가 단어와 결합하지 못하면, 정확한 글자의 소리를 정할 방법이 없으므로, 만약 어떠한 단어를 파악하지도 못하고, 소리부호에만 의지하게 되면, 어느 누구도 이 한자의 소리를 읽지 못하게 된다. 이것은 바로 소리부호란 단지 글자의 소리만 나타내면 되는 것이지, 정확하게 소리를 표시할 필요가 없기 때문에, 한자는 방언까지도 극복하는 특성을 갖게 된 것이다.

시음(示音)기능이 있는 구건(構件)중에 일부 어원(語源)의 뜻을 나타내는 동시에 시원(示源)기능도 가지고 있는데, 이것은 일부 형성자가 원래 글자로부터 파생한 글자에서 유래하기 때문이다.

(1) **광의(廣義·넓은 의미의) 파생** : 원래 글자가 여러 의미가 있는
데, 원래 글자에 의미 부호를 덧붙여 범위가 비교적 좁은 의미로
분화된 것이다. 예를 들면 :

"正"자에서 "政"자가 파생되어 나왔다.

"北"자에서 "背"자가 파생되어 나왔다.

"勾"자에서 "鉤"자가 파생되어 나왔다.

"申"자에서 "紳"자가 파생되어 나왔다.

"古"자에서 "詁"자가 파생되어 나왔다.

(2) **인의(引義)파생** : 여러 의미의 뜻을 가지고 있는 한 글자에, 의미
부호가 더해져서 그 중의 한 가지 의미가 파생되어 나온 것이다.
예를 들면 :

"心"자에서 "芯"자가 파생되어 나왔다.

"坐"자에서 "座"자가 파생되어 나왔다.

"齊"자에서 "劑"자가 파생되어 나왔다.

"弓"자에서 "躬"자가 파생되어 나왔다.

"責"자에서 "債"자가 파생되어 나왔다.

이렇게 원래 글자에 의미 부호가 더해져서, 소리부호로 바뀐 글자
(分化字)는 자연히 시원(示源)(원류를 제시하는) 기능을 갖게 된다. 의
미의 원류를 나타내는 것은 단지 일부 시음구건(示音構件)의 부가기능
으로, 단독으로는 존재할 수 없다. 게다가 시음구건(示音構件)이 전부 시
원(示源)원류를 제시하는 기능을 가지고 있는 것이 아니기 때문에 단

지 한 부류로 나뉠 수가 없다.

4 표시기능(標示기능) :

독립하여 존재하는 구건(構件)이 아니라, 다른 구건(構件)에 종속되어, 구별과 지사작용을 일으키는 것을 표시(標示)기능이라 한다.

표시(標示)기능을 가지고 있는 구건(構件)은 글자를 만들지 못하는 비자구건(非字構件)으로, 두 종류로 나뉘어 진다.

(1) 단지 구별작용만 하는 표시구건(標示構件).

예를 들면 :

갑골문(甲骨文)의 "ᴗ"(少)와 "ᴗ"(小)자의 구별, 점이 더해져 표시(標示)기능이 있다.

갑골문(甲骨文)의 "ʓ"(旬)과 "ʓ"(雲)자의 구별, 비스듬히 필획(筆劃)이 더해져서 표시(標示)기능이 있다.

갑골문(甲骨文)의 "ʓ"(尤)와 "ʓ"(又)자의 구별, 비스듬히 필획(筆劃)이 하나가 더해져 표시(標示) 기능이 있다.

갑골문(甲骨文)의 "ʓ"(千)자 "ʓ"(人)자의 구별, 짧은 횡획이 더해져서 표시(標示)기능이 있다.

갑골문(甲骨文)의 "ʓ"(百)자 "ʓ"(白)자의 구별, 꺾인 필획(筆劃)이 더해져 표시(標示)기능이 있다.

소전(小篆)의 "ʓ"(卒)과 "ʓ"(衣)자의 구별, 비스듬한 한 획이 더해져 표시(標示)기능이 있다.

예서(隸書)·해서(楷書)의 "太"자와 "大"자의 구별, 덧붙인 점이 표시(標示)기능이 된다.

이러한 표시부호(標示符號)의 위치는 글자의 미관이나 균형에서 비롯되었지만 뜻은 없다.

(2) 구별작용과 지사(指事)작용을 겸하는 구건(構件)도 있다.

예를 들면 :

소전(小篆)의 "亦"자는 "𡗕"로 쓰는데, 겨드랑이 "腋"자의 고자(古字)이고, 자형은 정면으로 서있는 사람의 모습으로, 겨드랑이 아래에 두 점을 찍었는데, 두 점이 지사(指事)작용의 표시구건(標示構件)이다.

"刃"중의 "丶" 칼날의 존재를 지시한다.

"末"위의 가로획은 나무 끝의 위치를 나타낸다. "本"은 나무 뿌리의 위치를 나타내기 위해, "木" 아래 횡으로 된 획을 추가했는데, 모두 지사작용을 지닌 표시구건(標示構件)이다.

이 표시부호(標示符號)의 위치는 사물과 관련이 있는데, 표시부호(標示符號)가 없는 글자와 구별도 되고 그 위치로 의미를 나타내기도 한다.

이상 네 가지 기능에 따라 구건을 표형(表形)구건 · 표의(表義)구건 · 시음(示音)구건 · 표시(標示)구건으로 분류할 수 있다.

일부 구건은 변천과정 중에 구의의 기능을 상실해서, 해석도 할 수 없는 기호구건(記號構件)[1]으로 변화되었는데 예를 들면 :

---

1) 記號라는 단어는 裘錫圭선생님의 ≪文字學 槪要≫에서 취한 것이나, 가리키는 범위는 좀 다르다. 여기서 말하는 記號란 해석할 방법이 없고, 뜻이 없는 비자구건(非字構件)으로, 앞에서 얘기한 상형적인 구건이 좀 남아있고, 해석할 수 있는 비자구건은 포함하지 않으며, 또 상형성을 상실한 독체자(獨體字)를 가리키지는 않으며, 이러한 독체자는 기호화

"執"자중의 "幸"자는 원래 수갑을 표시하는 표형구건(表形構件)이지만, 예변(隷變)을 거쳐 해서(楷書)화 된 후에 상형성을 상실하여 변형되고 의미화 되어, 다른 형체를 나타내지 못하므로, 기호구건(記號構件)이다.

간화자 "鷄"·"漢"·"轟" 등의 글자 중에 "又"자는 원래는 기호(記號)로, 구건(構件)을 대체하였던 것이다.

"塞"와 "寒"중의 중간부분과 "春"·"秦"·"泰"의 위 부분은, 모두 두 개 이상 구건(構件)이 합체된 더 이상 분해할 수 없는 비자구건(非字構件)으로 해석이 불가능한 기호구건(記號構件)이 되었다.

주목할 만한 것은 이 두 종류의 글자에서 기호구건(記號構件)은 형체가 같지만, 점합 이전과는 전혀 달라 서로 호응이 안되므로, 어떤 구조의 변형체라고도 할 수 없기 때문이다.

기호구건(記號構件)은 단지 구형(構形)에만 영향을 미치기 때문에, 원류로 거슬러 올라가지 않으면 해석이 불가능 하므로, 위에 서술한 네 가지 다른 기능의 구건(構件)과는 전체적으로 다르다고 할 수 있다.

했다고 하는 것이 아니라, 의미화(義化) 했다고 한다.

한지**구형학**강좌

제7강

한자(漢字)의
구형(構形)모델

上

한자구형학강좌

한자**구형학**강좌

제7강
한자(漢字)의 구형(構形)모델 上

구형모델이란 구건(構件)이 다른 기능의 결합으로 글자를 만들 때 구의(構意)를 나타내는 구건의 여러 가지 결합 유형을 말한다. 구형모델은 직접구건(直接構件)의 기능에 따라 결정된다. 앞장에서 말했듯이, 갑골문(甲骨文) 이래 한자의 각종 글자체의 구건(構件)을 종합해서 살펴보면, 표형(表形)·표의(表義)·시음(示音)·표시(標示)의 네종류가 있는데, 이미 해석된 한자의 직접구건(直接構件) 기능을 고찰하면, 한자 구형모델을 철저히 분류 할 수가 있다. 앞에서 얘기한 기호구건(記號構件)은 직접적으로 구의(構意)를 표시하는 기능이 없기 때문에, 기호구건(記號構件)을 가지고 있는 합체자는 구형 모델을 정할 수가 없으므로, 이것은 끝에서 다시 토론하기로 하자.

한자가 결합하는 상황 및 구건(構件)의 네 가지 기능에 근거해서 한자의 실제 상황에 맞춰 본다면 우리는 모두 11종류의 구형 모델을 도출해낼 수 있다.

1 모든 기능 합성자(全功能 零合成字) :

모든 기능 합성자는 단독으로 글자를 구성하는 구건인 성자구건(成字構件) 즉 하나의 형소(形素)로부터 구성되며 처음부터 분해할 수가 없는 것이다.

독체자는 결합할 대상이 없으므로, 언어학의 零의 개념을 취해서 지칭한다. 또한 결합할 대상이 없으므로, 형소(形素)자체로 형(形)·음(音)·의(義)를 나타내므로 모든 기능이라고 지칭한다.

모든 기능 합성자는 두 종류의 유형이 있다.

하나는 전승식(傳承式)으로, 고문자(古文字)의 독체상형자(獨體象形字)로부터 변천되어온 독체자(獨體字)이다.

갑골문(甲骨文)의 "羊"(例A), 갑골문(甲骨文)의 "网"(例B), 소전(小篆)의 "水"(例C)·"象"(例D)등.

例A	羊	羊	例B	网	网
例C	水	水	例D	象	象

다른 하나는 점합식으로, 고문자(古文字)단계의 합체자로, 예변(隷變)과 해서(諧書)를 통해 변화가 생겨 구건(構件)이 합쳐져서 더 이상 분석할 수 없는 글자이다.

예를 들면 : "幷"·"兼"·"更"·"西" 등의 글자이다.

2 표형합성자(標形合成字)

형체를 나타내는 성자구건(成字構件)에 표시구건(標示構件)이 합쳐져서, 사물의 위치를 표시하거나 혹은 형체와 관련 있는 정보를 덧붙인 것을 표형합성자(標形合成字)라고 한다.

예를 들어 : 소전(小篆)의 "刀(刃)"자는 표형구건(表形構件) 칼 "刀"자에 표시부호 "ヽ"가 덧붙여진 것이다.

"叉(叉)"는 표형구건(表形構件)인 "叉"(손의 형체에) 짧은 횡 획이 덧붙여져 손가락이 교차되어있는 것과 같다.

"旦(旦)"자는 "日"에 아래 횡 획을 덧붙여져 태양이 지평선에서 떠오르는 것을 표시한다.

"甘(甘)"자는 "口"자에 표시부호(標示符號)가 덧붙여져 단맛을 표시한다.

3 표의 합성자(標義合成字) :

표의구건(表義構件)에 표시구건(標示構件)이 더해진 것으로, 의미가 비슷한 글자를 구별하여 표의합성자(標義合成字)가 되는 것이다.

예를 들어 : 소전(小篆)의 "小(小)"자는 "八"자와 구별하여 "小"가 된다. "丨"자가 "八"자 사이에 끼여서 표시(標示)작용을 일으킨다.

"音(音)"자는 "言"자 중간에 "一"자를 덧붙여 구별한다.

"太"자는 "大"자에 구별부호 "ヽ"을 덧붙여 된 것이다.

4 회형합성자(會形合成字)

두 개 이상의 표형구건(表形構件)이 합쳐져 새로운 의미를 표시하는 것을 말한다.

회형합성자(會形合成字)는 형체와 형체가 합쳐져 이루어진 형합자(形合字)로, 다시 말하자면 이러한 합성자는 구건(構件)이 사물의 모양으로 의미를 표현할 뿐만 아니라, 사물의 실제 상황에 맞추어 구건(構件)이 배치되므로, 형체의 결합 방식으로 결합된 것이라고 할 수 있다. 회형합성자 단지 고문자(古文字)단계에만 존재한다.

예를 들면 : 소전(小篆)의 "Ⅲ(北)"자는 등을 맞대고 있는 두 사람의 형태로 표시하여, "등을 지고"라는 뜻을 표시한다.

"益(益)"자는 대야에서 물이 넘쳐흐르는 상황이다.

이러한 회형합성자(會形合成字)는 구건(構件)이 두 개 혹은 세 개 이상인 경우는 모두 평면결합으로 이루어진 것이다.

예를 들어 : 갑골문의 "降"(A)은 두발이 아래를 향한 것과 "阜"가 결합하여, 아래로 향하여 걷는 것을 표시한다.

"陟"(B)은 두발이 위를 향하고, "阜"가 결합하여 위를 향해 걷는 것을 표시한다.

소전(小篆)의 "叟"(C)자는 손에 횃불을 들고 방으로 들어가 찾는 모습이다.

소전(小篆)의 "弄"(D)자는 두 손으로 옥을 가지고 노는 형상이다.

≪說文≫고문(古文)의 "共"(E)은 네 손으로 공통적인 한가지 일을 하는 것을 표시한다.

例A   🖼   降   例B   🖼   陟

例C   🖼   叟   例D   🖼   弄

例E   🖼   共

이러한 회형합성자(會形合成字)는 모두 두 개 이상의 표형구건(表形構件)이 결합하여 이루어진 것이고, 사물의 실제 상황이나 모습에 따라 평면조합에 의해 글자를 구성하게 된다.

5 형의합성자(形義合成字)

표의구건(表義構件)과 표형구건(表形構件)이 합쳐져, 하나의 새로운 뜻을 표시한다.

예를 들면 : 소전(小篆)의 "🖼(興)"자는 네 손이 서로 마주하는 표형구건(表形構件)이다. 중간에 "同"자를 더해서 공통을 표시한다.

"興"자에는 "일어나다"는 의미가 있는데, 표형(表形)과 표의(表義) 두 구건(構件)이 합쳐 이루어진 것이다.

"🖼(柬)"자는 "🖼(束)"자와 "八"자가 합쳐졌고, "束"자는 나뭇가지와 잎이 묶여있는 형상으로 표형구건(表形構件)이고, 중간에 "八"자가 덧붙여져 "柬"자가 되었다. "柬"자는 함께 묶은 물건을 선별한다는 뜻이므로, "八"자는 "구별"의 의미가 있는 표의구건(表義構件)이다. 그러므로 "柬"자는 형의합성자(形義合成字)이다.

형의합성자(形義合成字)의 두 개의 구건(構件)은 대등한 관계가 아니라, 표형구건(表形構件)이 주체가 되고, 표의구건(表義構件)은 표형구건(表形構件)에 의미 정보를 더해주는 종속적인 존재이다.

6 회의합성자(會義合成字)

두 개 이상의 표의구건(表義構件)이 결합해서 새로운 의미를 표시하는 것이다. 회의합성자(會義合成字)는 표의구건(表義構件)의 의미정보가 결합해서 의미를 나타낸다.

예를 들어 : "友"자는 두 개의 "又"자로 한사람의 손 외에 또 한사람의 손이 합쳐져서 협조자로써 벗 "友"의 의미가 된다.

"匠"자는 "斤"으로 장인의 공구를 표시한다. "匚"은 장인의 공구함 혹은 만든 그릇을 표시하고, 두 개의 표의구건은 모두 "匠人"의 의미와 관계 있다.

"占"자는 "卜"자와 "口"자가 합쳐져 "점을 쳐서 길흉을 알아보다"는 의미가 된다.

"解"자는 "角"·"牛"·"刀" 로 "칼로 소의 뿔을 해부하므로 분석의 의미"가 있다.

회의합성자(會義合成字)의 구건(構件)이 "解"자와 마찬가지로 만약 세 개 이상이라면 대부분 평면결합(平面結合)에 속한다.

7 무음 종합 합성자(無音綜合合成字)

이것은 표형(表形)·표의(表義)와 표시구건(標示構件)이 일시적으로 합성된 글자로, 표음부호(表音符號)가 없는 것이다.

예를 들면 : 소전(小篆)의 "葬(葬)"자는 "艹"를 표시하는 표형구건(表形構件)과 "死"자를 표시하는 표의구건(表義構件)과 표시구건(標示構件) "一"이 합쳐진 것이다.

종합 합성자(綜合合成字)의 직접구건(直接構件)은 세 개 혹은 세 개 이상으로 모두 평면결합에 속한다.

한자구형학강좌

제8강

한자(漢字)의
구형(構形)모델

下

한자구형학강좌

한자**구형학**강좌

제8강
한자(漢字)의 구형(構形)모델 下

앞장에서 언급한 7가지 구형모델은 표형(表形)·표의(表義)·표시(標示)구건이 결합된 것으로, 소리를 표시하는 시음구건(示音構件)이 없다. 한자에 시음구건(示音構件)이 있다면, 분별력이 더욱 뛰어나고, 단어 속에 포함하고 있는 정보량을 더욱 다양화 할 수 있어, 한자구형(漢字構形)역사에 큰 발전을 이룰 수 있었다. 시음구건(示音構件)이 있는 구형모델은 아래의 4종류가 있다.

8 표음합성자(標音合成字)
시음구건(示音構件)에 표시구건(標示構件)이 합해진 것으로, 음이 똑같거나 비슷한 글자를 구별하기 위한 것이다. 예를 들면 :
앞에서 말한 갑골문(甲骨文)의 "少"·"旬"·"千"·"百"자 등 모두 표음합성자(標音合成字)이다.

9 형음합성자(形音合成字)

표형구건(表形構件)과 시음구건(示音構件)이 합쳐진 것이다.

이 모델은 갑골문(甲骨文)에 있어서 매우 중요한 모델로, 갑골문의 일부 상형자를 쉽게 구별하기 위해, 시음구건(示音構件)을 덧붙여, 글자의 소리정보를 더욱 풍부하게 하였다.

예를 들면 : 갑골문의 "風(鳳)"·"鷄(鷄)"·"星"과 소전(小篆) 중의 "齒"자 등 원래 상형자(象形字)나 혹은 표형(表形)구건으로, 후에 "凡"·"奚"·"生"·"止"자와 같은 표음(表音)구건이 합쳐져서, 글자 자체 내에 있던 정보를 더욱 풍부하게 하였다.

(例의 A-D를 볼 것)

例A 🦚 (상형자 "鳳") 🦚 (시음구건 "凡"을 더하였다)

例B 🐓 (상형자 "鷄") 🐓 (시음구건 "奚"가 더하였다)

例C ✺ ("星"의 표형구건에 시음구건 "生"을 더하였다)

例D ▦ (齒牙의 표형구건에 시음구건 "止"를 더하였다)

이상 4가지 예에서 앞의 두 가지 예의 표형구건(表形構件)은 성자구건(成字構件)인데, 이 구건(構件)은 원래 소리를 가지고 있다. 이러한 형음합성자(形音合成字)는 어떤 새로운 뜻을 덧붙인 것도 아니고, 표음구건(表音構件)이 없을 때와 같으므로, 시음구건(示音構件)이 단지 구별이나 강화작용만을 한다. 뒤의 두 가지 예의 표형구건(表形構件)은 비자구건(非字構件)으로, 독립적으로 어휘를 기록하는 기능은 없지만, 시음구건(示音構件)이 덧붙여진 후에야 글자를 이룬다.

10 의음합성자(義音合成字)

표의구건(表義構件)과 시음구건(示音構件)이 합쳐진 것으로, 의음합성자(義音合成字)는 전형적인 형성자(形聲字)로 표의구건(表義構件)은 의미를, 시음 구건은 독음을 나타내며, 의미가 같은 글자는 소리로 구별하고, 소리가 비슷한 글자는 의미로 구별한다. 예를 들어,

갑골문(甲骨文)의 "貞"자는 "卜"자가 의미가 되고, "鼎"자가 소리를 나타내어 "점친다"는 의미를 나타낸다.

소전(小篆)의 "普"자는 "日"자가 의미가 되고 "竝"자가 소리를 나타내는데, "竝"은 동일하다는 의미로, "普"자의 원류가 되는 글자로, 햇빛이 사방을 동일하게 비추다라는 의미의 "普"자가 된다.

의음합성자(義音合成字)에서 표의구건(表義構件)은 의미의 분류를 나타내는데, 이러한 구형모델은 같은 의미의 분류는 소리로 구별하고, 일부 같은 원류의 글자를 포함하여 소리가 비슷한 글자들은 의미로 분류하는 형식을 가지게 된다. 의음합성자(義音合成字)에서 표의구건(表義構件)은 모두 글자를 구성할 수 있는 성자구건(成字構件)이고, 동일한 종류의 글자가 어떤 글자에서는 표의구건(表義構件)이 되기도 하고, 또 다른 글자에서는 시음구건(示音構件)이 되기도 한다. 형소(形素)가 매우 경제적으로 사용됨으로써, 이것은 점차적으로 금문자(今文字)의 주체가 되었다.

아래의 두 의음합성자(義音合成字)를 예로 들어보자.

A조 : 跳·洮·逃·桃·挑·姚·窕.

B조 : 語·議·論·證·試·記·謀.

A조 글자의 소리는 모두 "兆"와 비슷하고, 𧾷(足)·氵(水)·辶(辵)·
木·扌(手)·女·穴로 의미를 나타내어 구별한다.

B조 글자의 의미는 모두 언어행위와 관련이 있으므로 "訁(言)"자를 공
통적으로 의미를 나타내는 표의구건(表義構件)으로, 吾·義·侖·正·
式·已·某로 소리를 나타내어 구별한다.

11 유음종합합성자(有音綜合合成字)

이 모델은 여러 개의 표형(表形)·시음(示音)·표의(表義)·표시(標示)
구건(構件)이 일시적으로 결합된 것으로 예를 들면 :

갑골문(甲骨文)의 "漁"(例A) 두 손으로 그물을 들고 있는 것으로, "魚"
는 소리를 나타낸다. "春"(例B)자는 "草"혹은 "木" "日"은 의미를 "屯"은
소리를 나타낸다.

例A   🐟   (漁)   例B   🌱   (春)

전통적으로 다른 각도의 한자 분석 방법은, 복잡한 한자 구조의 정도
에 따라, 한자를 독체자(獨體字)와 합체자(合體字)로 나누었다. 章太炎
선생은 "준독체자(準獨體字)"라는 한가지 현상을 덧붙여서 분류했다.

예를 들어, 독체자(獨體字)를 구건(構件)이 하나인 것으로 정한다면,
11가지 모델 중에 영합성자(零合成字)와 비슷하다. 만약 준독체자(準獨
體字)를 하나의 성자구건(成字構件)이라 하고, 그 위에 글자를 구성할
수 없는 비자구건(非字構件)을 더해진 것으로 정한다면, 11가지 모델
중 세 번째 표시구건(標示構件)이 있는 모델에 속하고, 그 나머지는 모

두 합체자라는 것이다.

章太炎선생은 또 합체자(合體字)에다 일종의 여러 가지 글자체(雜體字)가 덧붙여진 것은, 여러 개의 성자구건(成字構件) 외에도 비자구건(非字構件) 또한 글자 구성에 참여하게 되는 것으로, 이러한 잡체자(雜體字)는 11개 모델 중에 두 개의 종합 합성자(綜合合成字) 모델에 포함된다.

<표1> 11개의 구형모델

全功能構件+0	零合成字	獨體字	象形
表形構件+標示構件	標形合成字	準獨體字	指事
表義構件+標示構件	標義合成字		
示音構件+標示構件	標音合成字		形聲
表形構件+示音構件	形音合成字	合體字	
表義構件+示音構件	義音合成字		
示音構件+各類構件	有音綜合合成字		
表形構件+表形構件	會形合成字		會意
表形構件+表義構件	形義合成字		
表義構件+表義構件	會義合成字		
各種類構件(無示音)	無音綜合合成字		

이 11개의 구형모델은 갑골문(甲骨文) 이래 구의를 분석할 수 있는 각 종류의 자형을 포함하고 있다. 앞에서 얘기했듯이 금문자(今文字) 이후에는 표형(表形)기능이 없어짐으로써, 표형구건(表形構件)이 포함된 모델도 같이 없어졌기 때문에 이 11개의 구형모델 중에서 단지 7종류의 구형모델만 남았으므로, 이것은 곧 구형체계가 간소화 된 것이다.

소전(小篆)은 허신(許愼)의 정리를 거쳐서, 먼저 구건(構件)으로 글자를 만들고, 다시 의미화가 되어, 단지 독체자(獨體字)만이 상형자(象形字)가 되었다. 구건(構件)의 기능도 갈수록 간소화되어 표의(表義)·시음(示音)·표시(標示)의 세 종류로 되고, 구형모델 또한 간소화되어 육서(六書)중 전사서(前四書)에 해당되는 상형(象形)·지사(指事)·형성(形聲)·회의(會意)가 된 것이다.

육서(六書) 중의 전사서(前四書)로는 기타의 글자체를 분석할 수 없고, 특히 고문자(古文字) 글자체도 마찬가지이다. 일반인들은 한자를 분석할 때 억지로 사서(四書)에 맞추어, 항상 소전(小篆)에 따라 독체자(獨體字)를 상형자(象形字)라 하고, 표시구건(標示構件)은 지사자(指事字)라 하며, 시음구건(示音構件)이 있는 것은 모두 형성자(形聲字)라고 하였고, 시음구건(示音構件)이 없는 글자는 모두 회의자(會意字)라고 하여 11종류의 모델과 일정한 대응 방식을 이루었다(〈표1〉 참조).

구조기능분석법(結構功能分析法)을 사용하여 한자(漢字)를 11개 모델로 분석한 후에, 상형(象形)·지사(指事)·형성(形聲)·회의(會意)의 전사서(前四書)로 한자를 분석하는 방법은 매우 불합리한 방법으로, 억지로 적용하였음을 알 수가 있다.

예를 들어, 앞에서 이미 얘기했듯이 형체를 나타내는 구건이 두 개 모여서 이루어진 회형합성자(會形合成字)와 소리를 나타내는 구건이 두 개 모여서 이루어진 회의합성자(會義合成字)는 특징상 매우 다르다. 회형합성자(會形合成字)의 구건(構件)의 위치는 구의(構意)와 관련이 있는데, 만약 구건(構件)의 위치가 다른 회형합성자(會形合成字)를 동일한 글자로 해석한다면 분명히 오해의 소지를 낳을 수 있다. 또 전통독체자(傳統獨體字)는 소전(小篆)에선 대부분 사물을 나타내는 성질이 남아있지만, 예변(隷變)이나 해서(諧書) 후에는 이미 의미화가 되었으므로, 상형자(象形字)라고 하기에는 타당하지 않다.

해서(楷書) 중의 상당한 부분의 독체자는 점합된 것인데, 만약 이러한 점합자를 독체 상형자의 개념으로 이해한다면, 더욱 이해하기가 어렵게 된다. 또 갑골문(甲骨文)의 표시구건(標示構件)과 소리를 나타내는 시음구건(示音構件)이 합쳐진 표음합성자(標音合成字)는 표시구건(標示構件)으로 같은 음의 글자를 만들어낸 것이므로, 엄격히 말해 형성자(形聲字)의 대열에 들 수가 없다. 왜냐하면, 표의(表義)나 표형구건(表形構件)이 없고, 모두 다 성자구건(成字構件)으로 되어 있는 것도 아니기 때문이다. 이것을 지사자(指事字)라고 하기에도 타당하지 않는 이유는, 시음(示音)의 요소를 가지고 있기 때문이다. 그러므로 전통적인 육서법(六書法)에서는 그 역할을 찾기가 매우 힘들다. 현재 우리가 구조기능분석법(結構功能分析法)으로 확정한 구형모델만이 각 시대 한자를 포괄하여, 육서(六書)의 기본원리를 나타내고 있으며, 그 한계를 극복하여, 전사서(前四書)를 모두 포괄하므로 이론과 실행방면에서도 매우 적합하다고 할 수 있겠다.

하지만 육서(六書)의 영향이 너무 커서 이미 널리 보급된 범위내에서, 어떤 때는 어쩔 수 없이 육서법(六書法)에 의해 한자의 구형(構形)을 정하고 구의(構意)를 해석할 수 밖 에 없는 것도 있다. 하지만 구조기능분석(結構功能分析)을 전면적으로 이해한 후에 육서(六書)의 조례를 사용할 때는 더욱 신중하고 실수하지 않도록 주의하게 되었다.

위에 서술한 11가지 구형모델은 4가지 구건(構件)의 기능이 결합 된 것으로, 만약 합성자(合成字)의 직접구건(直接構件)에 하나의 기호구건(記號構件)이 있다면, 이 글자의 구형모델을 정할 수가 없으므로, 구의가 반 정도 남은 글자인 구의반존자(構意半存字)라고 한다. 구의기능(構意)이 남아있는 구건(構件)의 기능에 따라 부분적으로 의미를 남기고 있는 글자인 부분존의자(部分存義字) 혹은 부분적으로 소리를 남기고 있는 부분존음자(部分存音字)라고 한다.

부분존의자에는 春・秦・鷄・區 등의 글자가 있고, 한자의 뜻이 남아있는 구조(存義)가 음이 남아있는 구조(存音)에 비해 강하므로, 부분존음자(部分存音字)는 비교적 적은 편으로, "旁"이 그 전형적인 예이다.

만약 합체자의 두개 구건(構件)이 모두 기호구건(記號構件)이면, 구의를 완전히 상실하게 되어, "무구의자(無構意字)"라고 하는데, "卿"・"童"・"晉"・"執"・"幷"등의 글자는 모두 여기에 속한다. "要"・"它"・"朋" 등의 글자는 합체자(合體字)로 본다면, 역시 무구의자(無構意字)에 속하지만, 실제적으로 전승식독체자(傳承式獨體字)이기 때문에, 여전히 독체자로 처리되어 "象"・"虎"・"木"・"舟"자 등의 글자와 똑같이 다루기 때문에 "무구의자(無構意字)"로 처리하지 않는다.

한자구형학강좌

제9강

한자(漢字)의

구형속성(構形屬性)과

구의강해(構意講解)

한자구형학강좌

한자**구형학**강좌

제9강
한자(漢字)의
구형속성(構形屬性)과
구의강해(構意講解)

앞에서 몇 장에 걸쳐 한자 구형 분석을 설명함으로써, 우리는 한자의 구형으로 어떤 속성을 지니고 있는지를 알 수 있다. 속성이란 전체적으로 한자구형이 반드시 언급해야하는 여러 방면의 변천과정을 기술하고, 여러 한자의 상이점을 언급할만한 요소를 비교하는 것이다. 앞장의 몇 장에서 분석한 한자는 아래와 같이 몇 가지 구형속성을 가지고 있음을 알 수 있다.

1 구건(構件)이 결합할 때의 동태적(動態的) 특징

한자는 결합할 때 단계구조와 평면구조의 두 가지 다른 과정이 있는데, 현대한자의 대부분은 단계구조에 속하고, 평면구조는 매우 적고

"磊"·"暴"·"莽"·"解"자 등과 같은 글자가 모두 평면구조로, 한자의 분석과 비교에 매우 중요하다.

② 구조의 단계별 등급수

평면구조의 한자는 일차적으로 결합된 것이므로, 단계별 등급수가 없으며, 만약 있다 해도 한 등급 단계만 있게 된다. 단계구조의 한자는 단계구조의 등급수가 매우 중요하다.

예를 들어, "溥"자의 등급 수는 세 단계이므로 3급 구건(構件)이라고 한다.

일급 구건(一級構件) : 竹·溥

이급 구건(二級構件) : 氵·專

삼급 구건(三級構件) : 甫·寸

구건(構件)이 속한 단계별 등급 수와 전체글자의 단계 등급 수는 형체를 구별하고 구의를 분석하는데 매우 중요한 속성이다.

③ 각 등급별 구건(構件)과 그 기능

한자가 어떤 구건(構件)으로 구성되었는지는 가장 중요한 속성으로, 글자와 글자를 구별하는 결정적인 요소가 된다.

예를 들어, "桃"와 "柳"는 기초구건(基礎構件)인 "木"을 공통적으로 가지고 있지만, 다른 구건(構件)인 "兆"와 "卯"로 구별한다. "昌"과 "唱"은 "唱"이 "昌"에 비해 "口"자 구건(構件)이 하나 많고, "口"와 "品"자의 구건(構件)은 모두 "口"자 구건(構件)이 있다고는 하지만, "口"의 數量이 다르므로 이것으로 구별하게 된다.

구건(構件)이 같은 것인지 아닌지는 그 형체뿐만 아니라, 그 기능도 보아야 한다. 예를 들면, "利"자와 "和"자는 모두 "禾"구건(構件)이 있지만, "利"자중의 "禾"자는 표의구건(表義構件)이고, "和"자 중의 "禾"자는 글자의 원류를 표시하는 시원(示源)기능을 가진 시음구건(示音構件)이다.

4 구건(構件)의 결합 방식

구건의 결합방식은 아래 세 가지를 포함한다.

1 구건(構件)이 놓이는 방향

해서(楷書)처럼 "從"자는 "人"자 두 개가 모두 정면으로 놓여있고, "比"자는 두 사람이 오른쪽을 향해 있으며, "北"자는 두 사람이 좌・우 양측으로 놓여있다.

2 구건(構件)의 상대적 위치

"杏"자와 "呆"자, "紋"자와 "紊"자, "怡"자와 "怠"자, "忠"과 "忡"모두 구건(構件)의 종류와 기능은 동일하지만, 구건(構件)의 위치가 서로 다르므로 구별할 수 있다.

3 구건(構件)의 접합(接合)방식

현대 한자구건(漢字構件)의 접합 방식은 아래의 몇 가지 차이점이 있다.

A. 離와 接(분리와 연결) : "旦"의 "日"과 "一"자, 回의 "口(위)"와 "口(구)"자, "語"의 "言"과 "五"와 "口"등은 모두 서로 분리된 것이다. "委"의 "禾"와 "女"자, "含"의 "今"과 "口"등 모두 서로 연결된 것이다.

B. 夾과 交(끼이고 교차) : "哀"와 "衷"의 "口(구)"자와 "中"자는 옷"衣"사이에 끼인 것이고, "秉"에서 "禾"를 "又"자가 관통하여 고정되었다.

C. 連과 重(연결되고 겹침) : "我"의 "一"은 두 개의 횡 획이 서로 연결되어 하나의 횡 획이 되고, "史"자는 "中"과 "又"자가 서로 연결되고 겹쳐서 형체를 이룬다.

5 구형(構形)모델

제 7·8장에서 한자의 구형모델을 11가지로 분류하고, 이 11가지 모델은 직접구건(直接構件) 기능의 결합 특징에 따라 구분한다. 한자의 구형모델은 구형(構形)이 어떻게 구의(構意)를 나타내는가에 관한 것이므로, 한자를 구별하고 속성을 고찰함에 있어 매우 중요하다.

6 한자의 구성배치도

한자는 일정한 모델로 구성된 후, 기초구건(基礎構件)은 일정한 배열 구조를 나타내는데 흔히 아래의 몇 종류로 나타난다.

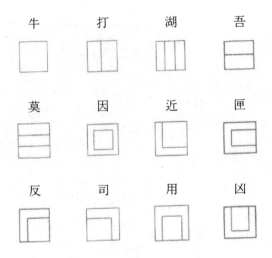

이 몇 가지 구성 배치도는 여러 등급 단계나 구건(構件)의 글자에선 매우 복잡한 구성 배치로 나타난다. 예를 들어,

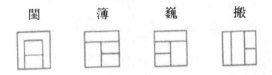

이 6가지 속성은, 반드시 종합적으로 활용하여 한자의 구형을 기술해야한다. 예를 들어, "兼"자의 구형(構形)은 두 개의 "禾"자와 하나의 "又"자가 끼어서 교차된(夾交)방식으로 결합된 형체를 나타내는 구건 두 개가 결합된 회형합성(會形合成)의 평면구조라고 기술해야 한다.

이것 외에도 한자는 서사(書寫) · 글자체의 풍격속성(風格) · 기능속성(技能) · 자용속성(字用屬性) 등이 있다.

한자의 속성을 설명하기 위해 다음의 여러가지 속성을 고려해야 한다.

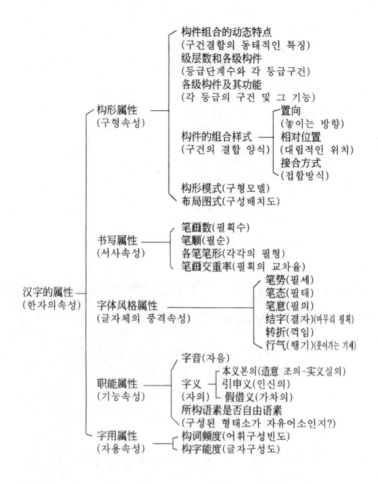

　한자의 응용에서 이상의 속성은 매우 중요하며 서로 연관되어 있으므로, 한자 구형을 언급할 때는 항상 다른 속성도 언급해야만 한다. 모든 속성에서, 한자의 가장 기본적인 속성이 구형이다. 형체 없이는 글자를 만들 수가 없고, 쓸 수도 없으며, 풍격 또한 나타내지 못하고, 기능을 실행할 방법도 없다. 그러므로 우리는 먼저 구형문제를 토론하고 나서, 나머지 속성은 다른 기회에 다시 자세히 설명하고자 한다.

앞에서도 언급했듯이, 한자를 분석할 때는 언제든지 구형(構形)과 구의(構意)가 있기 마련이다. 한자의 구형속성은 구의(構意)의 과학적인 분석과 해석을 말한다. 그러므로 한자의 구형속성을 밝힐 때는 먼저 한자의 구의(構意)를 어떻게 풀어나갈지를 생각해야 한다. 그렇다면, 한자의 풀이가 과학적인지 아닌지는 어떻게 판단하는 것인가?

그것은 한자구형 속성에 맞게 과학적으로 해석해야 한다. 한자의 속성에 위배되어, 주관적이고 비과학적으로 한자의 구의(構意)를 풀이해서는 안 된다.

다음에는 어떻게 한자구형속성에 맞게 한자를 풀이하는가에 대해 얘기하려고 한다. 만약 누군가 한자를 잘못 강의한다고 하면, 과연 어떤 한자구형학(漢字構形學)의 원리로 잘못된 점을 지적할 수 있겠는가?

1. 구건(構件)의 형체와 음과 뜻을 잘못 해석해서는 안 된다.

한자는 구건(構件)이 결합하여 이루어지며, 글자를 이룰 수 있는 성자구건(成字構件)마다 이미 확정된 형체와 소리와 의미가 있다. 구건(構件)의 형체와 소리와 의미를 잘못 얘기하면, 전체 글자의 풀이에 착오가 생길 수 있다. 예를 들어 부추인 "韭菜"의 "韭"자는 다년생의 초목식물이 땅위에서 자라난 것과 같으므로, 이체자(異體字)는 위에 풀초를 더한 "韮"로 쓴다. 또 표의구건(表義構件)을 덧붙여서 초목식물의 특성을 강화 시켰다. 하지만 어떤 이는 "韭"자 윗부분의 "非"자와 "非常"의 "非"자가 외형상 같으므로, "非"를 "韭"와 같은 글자로 알고, "悲哀"의 "悲"자는 "마음속에 부추가 자란 것과 같이 슬프다"라고 얘기하는데, 이 풀이법은 일리가 있지만, 사실 이치에 맞지 않다. "부추"와 "아니다"라는 부정을 함께 썼으므로, 이미 잘못된 것이다. 또 "비애"의 감정을 끌어내어 더 이상하게 했다. 이런 방법으로 해석한다면, "排"자는 손에 부추를 들고서라고 해석하고, "緋"자는 부추를 묶어서라고 해석해야 하지 않겠는가?

2. 구건(構件)이 나타내는 구의(構意)의 기능을 잘못 이해하면 안 된다.

한자의 구건(構件)이 글자 내에서 형체를 나타내는 표형(表形)·소리를 나타내는 시음(示音)·의미를 나타내는 표의(表義)·구별을 나타내는 표시(標示)의 기능이 있는데, 구건(構件)의 기능을 잘못 얘기하고 의미를 잘못 이해한다면, 전체글자의 의미풀이가 잘못되므로, 한자를 해석할 때는 객관적 기능에 맞게 해석해야 한다.

예를 들어 "餓"자에서 "我"는 소리를 나타내는 시음구건(示音構件)이고, 의미를 나타내는 표의(表意)기능이 없지만, 어떤 이들은 강제로 "나는 배가 고프기 때문에 음식을 먹어야한다"로 해석하므로, 나 "我"자를 의미를 나타내는 표의구건(表義構件)으로 잘못 이해하게 된다. 그렇다면 俄·娥·峨·鵝의 풀이는 "나의 사람·나의 딸·나의 산·나의 새"로 잘못 해석되지 않겠는가? 한자의 주체는 형성자(形聲字)다. 소리부호와 의미 부호는 모두 형성자(形聲字)에 속하므로, 소리를 나타내는 시음(示音)기능의 구건(構件)을 의미를 나타내는 표의구건(表義構件)으로 오해한다면, 형성자(形聲字)체계 자체가 잘못되며, 한 가지를 잘못 풀이하면 심각한 결과를 초래하므로, 글자를 익히는데 많은 혼란이 생기게 된다.

3. 단계구조를 평면구조라고 하지 말아야 한다.

기초요소로 구성된 한자는 대부분 단계에 맞게 등급에 따라 구성되고, 구의(構意)도 등급의 단계에 따라 생겨나고, 평면구조(平面構造)는 일부만이 평면구조로 일차적으로 한번에 구성된 것이고, 대부분이 집합의 방식으로 구의(構意)를 만들어낸다

한자의 해독은 객관적인 결합방식으로 해야 하며, 단계구조를 평면구조라고 하거나, 평면구조를 단계구조라고 하면 안 된다. 그렇지 않으면 잘못될 경우가 생기는데 사람들은 자주 하나의 구건(構件)을 보고, 또 다른 하나의 구건(構件)을 풀이하는데 이것은 한자의 구의(構意)가 등급 단계에 따라 생긴다는 원리를 이해하지 못해서 생기는 현상이다. 예를 들면, 어떤 사람은 "溫"자를 태양이 대야 안의 물을 비추므로 물이 따뜻하게 되었다고 하는데, 이 풀이는 틀린 것이다. 왜냐하면 "日"자는 직접적으로 "溫"자의 구의(構意)에 영향을 끼치지 못하기 때문이다. 먼저 "皿"자와 "昷"'자를 구성한 후에 하나의 시음구건(示音構件)이 생겨나므로, "wēn"이라는 독음을 갖게 되었고, 여기에 다시 "氵"를 표의구건(表義構件)으로 하여, 따뜻함을 나타내는 "溫"자를 구성하게 된 것이다. 그 단계는 A와 같다. 갑골문(甲骨文)과 금문(金文)은 모두 "溫"자가 없는데, 만약 "溫"자를 소전(小篆)까지 거슬러 올라간다면, 그 형체는 B와 같이 되고, 오른쪽 위 부분의 "日"자는 "囚"자의 변형체로, 태양으로 해석하는 "日"자와 아무런 관계가 없다.

"囚"자는 "가두다"라는 것을 표시하고, 밀폐된 대야 안에는 따뜻함을 유지시킬 수 있는데, 이것이 진정한 "溫"자의 구의(構意)가 되었다.

위에서 서술한 의미풀이는 두 가지 면에서 잘못되었는데, 하나는 등급 단계를 고려하지 않고 직접 "日"과 "溫暖(따뜻함)"의 관계를 얘기한 것이고, 둘째로는 구건(構件)의 변이체에 대한 이해가 잘못되었다.

4. 점합 · 줄여쓰기 · 변형 · 와변으로 인해 이치적 근거가 없는 것으로 된 글자의 변화에 대해 그 근거를 멋대로 해석해선 안 된다.

한자구형(構形)은 발전하며, 현대한자(現代漢字)는 예변(隸變)과 해서(楷書)화의 과정을 거치면서, 점합 · 간화 · 변형 · 와변에 의해 이치적으로 설명할 수 없는 글자들이 많이 생겨났는데, 이 글자들은 반드시 그 형체의 원류를 거슬러 올라가야만 설명할 수가 있다.

예를 들면, "春"자는 소전체(篆字體)에서 "舂"쓰는데 "艸"와 "日"은 뜻을 나타내고, "屯"은 소리를 나타낸다(제8강에서 이미 이 글자 갑골문(甲骨文)의 형체를 설명했다). 예변(隸變)에서 글자의 위 부분이 점차 합쳐지고, 간소화되어 "夫"로 변하여 해석 할 수 없게 되었다. 이 글자를 풀이하려면 반드시 원래 글자를 찾아야 하며, 멋대로 해석해서는 안 된다. 어떤 사람은 "春"자를 "세 사람이 함께 햇볕을 쬐는 것"이라고 했는데, 이것은 억지로 이치에 맞춘 결과가 되는 것이다.

또 간화자인 "鷄"자는 그 좌측 변의 "又"자가 부호로 대체되어 간소화 된 것으로, 부호로 바뀌었다고 볼 수 있다. 어떤 이는 억지로 "한 종류의 새"라고 하는데 이것 역시 비합리적 해석이다. "又"자는 "鷄"자에서 시음(示音)구건인 "奚"자를 대체했는데, 부사인 "又"자라고는 할 수가 없다. 다시 말해서 "鳥"와 "隹"자가 모두 조류를 나타내므로, "鷄"자는 "한 종류의 (긴 꼬리)를 가진 새"라고 한다면, "難"은 한 종류의 (짧은 꼬리)를 가진 새로 바뀌지 않겠는가? 이런 것을 과학적으로 한자를 분석한 것이라고 할 수 있겠는가? 설마 문자 놀이하는 것은 아닌지?

원류로 거슬러 올라가야 하는 기호구건(記號構件)은, 그렇게 해야만 구의(構意)를 풀이할 수 있다. 어떤 방법으로 근원을 찾아, 그 변화를 이해할 수 있을지는, 아래에서 한자의 통시적 인식을 말할 때 설명하겠다. 만약 근원을 찾기 어렵다면, 교육 정책을 바꾸어 나가야 하며, 구의(構意)를 멋대로 만들어서 체계에 혼선을 빚게 해선 안 될 것이다.

5. 한자구형 체계를 활용하여 한자의 구의(構意)를 유추할 때, 이치에 맞게 귀납시켜야하며, 형체가 같다고 해서 같은 것으로 인식하면 안 된다.

한자구형(構形)은 체계를 이루고 있는데 현대한자의 90%이상이 형성자이므로, 한자를 풀이할 때는 형성자(形聲字)의 소리부호와 의미 부호를 이용하여, 귀납 추리를 통해, 일괄적으로 해야 한다.

예를 들어, 뜻 부호인 "酉"자는 "醉"·"酣"·"釀"·"酌"·"醒"자 등의 글자를 구성하고 모두 음주후의 생리반응과 연관된 것으로 귀납시켜 순서적으로 뜻풀이를 해야 한다.

소리부호의 역할이 비교적 큰 "靑"자는 "淸"·"蜻"·"情"·"睛"·"請"과 "精"·"晴"·"靖"·"菁"·"靜" 등의 글자를 이루고 "qing"·"jing" 두 개의 독음으로 합쳐서 의미풀이를 한다.

그러나 예변(隸變)을 거쳐 해서(楷書)화 한 후에는, 한자의 체계가 간소화됨으로 인해서, 고문자단계(古文字段階)에서는 다른 구건(構件)이 혼동 되어 형체는 같지만 원류가 달라지므로, 소리와 의미가 서로 다른 현상이 많이 존재하게 되었다. 이러한 혼동된 구건(構件)은 실제로 다른 체계에 속하므로, 구의(構意)를 풀이할 때, 같은 것으로 봐서도 안 되며, 서로 유추하고 추리해서도 안 된다. 예를 들면,

이상 7개의 글자는, 표면상으로는 모두 "口"자를 갖고 있지만, "吹" 중의 "口"자가 "口鼻"의 "口"자 인 것을 제외하면, "谷"중의 입"口"는 물이 나오는 입구를 나타내지만, 억지로 "口鼻"의 "口"자와 같은 것으로 귀납시킬 수는 있다. 그 나머지 "口"자는 각각 그릇(器)·원형의 두드리는 면(鼓)·창문(向)·방 구조의 일부분인(舍)·척추뼈인(呂)를 나타내며, 대다수가 고문자(古文字) 상형부호의 변이체로, 어떤 것은 찾아낼 수조차 없어서(예를 들면 鼓·舍자 등 글자의 "口"자처럼) 유추하는 방법으로는 해석할 수가 없다.

"谷"자는 간화자에서 소리가 같은 "穀"자를 대체하였는데, 어떤 사람은 "여덟 사람의 식량"이라고 해석함으로써, 이것은 형체만 보고 의미

를 유추하여 억지로 맞춘 해석이 되었다.

　만약 위의 예로든 각 글자의 공통적 구건인 "口"자가 원래 형체를 나타내는 표형구건(表形構件)으로 여전히 "입을 열다"와 "말을 꺼내다" 라고 부분적으로 귀납하여 해석한다면, 아래에 예로 든 "土"자 구의 (構意)는 전혀 귀납해 낼 수가 없다.

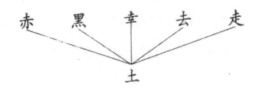

　이상 5개 글자의 공통된 구건(構件)인 "土"는, "土地"의 뜻과는 상관이 없는 다른 형체의 변이체이다. 예를 들면, "走"자 위의 "土"자는 원래 길을 가는 한사람으로, 예변(隷變)후에 "土"자와 혼동된 것이다. 어떤 사람은 "走"자의 구의(構意)를 "땅위를 걸어가다"라고 해석 하는데 이는 보기에는 합리적인 것 같지만, 실은 이 글자의 자형 변천 규칙에 어긋난다.

　사실 형체와 소리와 의미를 모두 고려해서 글자를 분석하는 것을 "依理歸納"(이치적 근거에 의한 귀납)이라고 하고, 단지 형체만 고려하고 소리와 의미를 고려하지 않으면, "依形歸納"(형체에 근거한 귀납)이라고 한다.

　변이체가 생기지 않는 구건(構件)을 귀납할 때는 형체와 이치적 근거가 일치하지만, 변이체가 생긴 구건(構件)은 형체와 이치적 근거 사이에 어느 정도 모순이 생기기 마련이다.

이치에 맞게 귀납하는 방법을 배운다면, 더욱 정확하게 구의를 분석할 수 있으며, 이것이 바로 과학적인 한자를 배우는 기본 능력으로 항상 주의해야 한다. 예를 들어,

"鼻"·"咱"·"息"의 "自"자는 같은 의미의 구건(構件)이지만, "首"아래의 "自"자는 같은 의미의 구건(構件)이라고 할 수 없다.

"咫"·"運"의 "尺"자는 같은 의미의 구건(構件)이지만 "盡"의 위 부분의 "尺"자는 같은 의미의 구건(構件)이라고 할 수 없다.

"弄"·"開"의 아랫 부분과 "升"의 아랫 부분이 형체는 같지만, 원류가 다르므로 같은 구건(構件)이라고 할 수 없다.

"弄"·"開"의 아랫부분과 "兵"·"共"·"輿(與)"·"興(興)"의 아랫 부분의 형체는 다르지만, 원류가 같으므로 같은 구건(構件)이라고 할 수 있다.

과학적으로 한자를 풀이한다는 것은 곧 한자구형규율과 변천규율에 위배되지 않는다는 전제 조건하에, 구의(構意)가 직접적이고 명확한 한자에 대하여 정확한 풀이를 해야 하며, 원류를 거슬러 올라갈 필요가 있는 한자는, 원류를 찾아 그 의미풀이를 해야 한다. 개별적인 한자를 풀이 할 때에는, 하나를 잘못 해석해 전체가 복잡하게 되지 않도록 하기 위해, 한자구형체계의 범위 안에서 의미풀이를 해야 한다.

현대한자는 일부 형체 변화가 매우 심한 한자도 있고, 심지어 어떤 것은 형체의 원류를 거슬러 올라가기조차 힘든 한자도 있다. 설사, 초기 고문자라 하더라도 일부 글자는 해석하기가 어렵다.

≪說文解字≫는 한자의 형체와 의미의 관계를 체계적으로 해석해놓은 책으로, 허신(許愼)은 "博采通人, 至于小大"(사리 깊은 사람들의 것을 널리 취하고, 큰 경지에 이르게 했다)라고 하였지만, 허신 스스로가

한자의 초기 자형을 볼 수가 없으므로, 억지로 끼어 맞추어 풀이한 것도 있다.

과학적인 태도란, 이미 알 수 없는 구의(構意)의 형체나, 혹은 형체의 원류를 찾기 어려운 글자들을 마음대로 분석하지 않는 것이다. 기초 교육에서는 한 글자 한 글자의 이치를 모두 얘기할 필요는 없는 것이다. 하지만 구의(構意)가 정확하지 않은 글자는, 교육 방법을 달리하여 학생들이 한자학(漢字學)에 대하여 과학적인 개념을 이해하도록 해야 하며, 학습에도 더욱 좋은 기초를 다져, 문화적 소양을 높이도록 하는 것이 무엇보다도 중요하다.

한자구형학강좌

제10강

한자구형(漢字構形)의

공시적(共時的)

상관관계(相關關係)

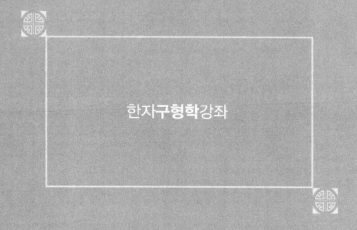

한자구형학강좌

한자**구형학**강좌

제10강
한자구형(漢字構形)의
공시적(共時的)
상관관계(相關關係)

　한자 구형의 속성은 한자 구형을 기술하는 것으로, 두 개 이상의 한자형체의 다른 점과 같은 점을 비교하여, 한자와 한자사이의 구형관계를 명확히 밝혀준다.

　한자와 한자사이의 구형관계는 두 종류로 분류하는데, 하나는 공시적(共時的)인 것으로, 동일한 역사시기에 사용된 한자의 형체관계이고, 다른 하나는 역시적(歷時的)인 것으로 다른 역사시기의 구형의 전승과 변천 관계이다. 먼저 공시적인 구형관계를 살펴보면 동일한 역사 시기에 사용된 한자는 기능만 같고 즉 음과 의미가 같은 글자이어야만, 비로소 그 구형을 비교할 필요가 있다. 공시한자는 두 종류로 주의해야 할 것은 기능이 같고 형체가 다른 것으로, 하나는 이사자(異寫字)이고 다른 하나는 이구자(異構字)이다.

이사자(異寫字)는 기능이 같은 동일한 글자이지만, 쓰는 방법이 달라서 형성된 글자이다.

예를 들어, 한(漢)나라 때의 비문(碑文)에 예서(隸書) "刻"자는 쓰는 방법이 여러 가지이다.

이 다섯 가지 형체는 모두 "刻"자로, 왼쪽변의 "亥"자는 독체(獨體)자로 시음구건(示音構件)이고, 오른변은 "刀"자이다. "亥"자와 "刀"자를 쓰는 방식은 각각 차이가 있다. 말하자면 이 다섯 가지 형체는 구조요소·모델·분포의 차이가 아니라 동일한 구형속성을 가지고 있지만, 다만 각 구조요소 내부의 필획(筆劃)의 차이, 즉 서사속성에 있어서 차이가 있다. 이러한 차이는 구의(構意)에는 영향을 끼치지 않고, 동일한 글자를 쓰는 방법만 다르다고 말할 수가 있다.

이사현상(異寫現象)은 한자발생 초기에 형체가 고정되지 않고, 임의성도 강해서 상당히 많이 존재하였다.

예를 들면, "酉"자는 갑골문(甲骨文)에서 수십 여종의 방식으로 쓰여진 것을 알 수가 있다.

또 갑골문(甲骨文)의 "福"자도 여러 가지 구형(構形)이 있고, 각 종류마다 많은 이사자(異寫字)가 있다.

이 세 종류의 이사자(異寫字)는 ①"酉"(술을 담는 그릇)와 양손 ② "示"자와 "酉" ③"酉"자와 양손 "示"이다. 구건(構件)마다 모두 다르게 쓰는 이사(異寫)현상이 있는데, 결합 후에는 이사자(異寫字)가 더욱 많아졌다.

한자의 사용이 광범위해지자 한자 사용측면에서 개인의 "서사" 습관이 다르기 때문에 이사자(異寫字)가 형성될 수도 있다.

"紹"는 ≪龍龕手鏡≫에 쓰는 방법이 네 가지 있다.　(예A)

"佻"는 쓰는 방법이 세 가지 있다.　　　　　　　　(예B)

"漫"은 쓰는 방법이 두 가지 있다.　　　　　　　　(예C)

이것은 한자를 사용하면서 피할 수 없는 현상이다. 이사자(異寫字)들의 상호간의 차이는 단지 서사와 필획(筆劃)만 다를 뿐, 구형의 실질적인 차이는 없다.

이사자(異寫字)는 사람들이 한자 형체에 대한 구별에 어느 정도 다양함을 갖고 있다는 점을 시사하므로, 높은 수준의 서법영역에서 서예가들은 서사에 대한 다양성으로 글자를 미화하여 개성을 표현한다.

이사현상은 사회적으로 한자를 사용하는 측면에서 본다면, 보편적인 사회 문화적 교류에 매우 불리한 현상이라고 할 수 있다. 먼저 일반적으로 한자를 사용하는 사람들에겐 분명히 하나의 글자인데도 불구하고 여러 가지 형체를 기억해야 하므로, 한자를 기억하는데 많은 부담을 준다. 그 다음으로 인쇄와 한자의 정보처리에 영향을 주므로, 조판과 인쇄글꼴의 증가로 인해, 불필요한 한자의 형체도 증가하고, 자형도 많아지는 반면에 정보량은 오히려 늘지 않는다.

세 번째로 기초교육과 대외 한어 교육에 있어서, 자형의 다양화는 교육을 하는 사람이나 교육을 받는 사람에게 방해가 되며 문화 전파에도 반드시 영향을 받게 된다. 그러므로, 이사자(異寫字)는, 서예 영역에서는 지장이 없지만 사회에서 보편적으로 한자를 사용하는 영역에서는 반드시 정리 규범화되어야 한다.

이사자(異寫字)의 규범화 방법은 두 가지가 있다.

첫째, 이사자(異寫字) 중 가장 보편적인 표준체를 찾아서 정자체(正字體)로 정한 후에, 나머지 형체는 단지 표준체를 인식할 수 있기만 하면 된다.

예를 들어, 위에 예로든 A·B·C 세 가지에서 "紹"·"佻"·"漫"을 정자체(正字體)로 정하고, 나머지 형체는 교재나 사회에서 일률적으로 사용하지 않고, 역사적인 고문헌을 인쇄할 때는 단지 정자체(正字體)를 인식할 수만 있으면, 정자체(正字體)로 바꾸어서라도 규범화 할 수 있다.

둘째, 기초구건(基礎構件)을 규범화해야 한다.

위의 설명한 예에서 볼 수 있듯이, 이사자(異寫字) 형체의 차이는 모두 한자의 가장 작은 기초구건(基礎構件)의 내부에서 생긴 것이므로, 만약 한자의 기초구건(基礎構件)인 형소(形素)를 규범화한다면, 기초구건(基礎構件)으로 이루어진 한자도 이사현상(異寫現象)을 피할 수가 있을 것이다.

예를 들어, "刻"자의 이사자(異寫字)는 "亥"로 규범화하고 "紹"자의 이사자(異寫字)는 "召"로 규범화 할 수 있다.

이구자(異構字)는 문자학계에서 통상적으로 일컫는 이체자(異體字)이다. 이구자(異構字)란 이사자(異寫字)와 구별하기 위한 것으로, 한자를 기록하는 기능은 같고, 음과 의미는 동일하지만, 언어작품을 기록할 때, 어떠한 언어 환경이든지, 모두 상호간 바꾸어 사용할 수 있다. 하지만 이구자(異構字)의 구형속성(構形屬性)은 최소한 그중 한 가지 항목만은 다르기 때문에, 이구자(異構字)라 한다.

어떤 이구자(異構字)는 시음기초구건(示音基礎構件)이 다른데, "綫(線)"의 이구형체(例A) "嫻"의 이구형체(例B)와 같은 것이다.

어떤 이구자(異構字)는 표의구건(表義構件)이 다른데, "迹"의 이구형체(例C)와 "碗"의 이구형체(例D)와 같은 것이다.

어떤 이구자(異構字)는 구형모델이 다른데, 예를 들어 "曼"의 이구형체는 "万"으로 소리를 나타내는데, 두 개의 소리부호를 나타내는 형성자로 변하였다(例E).

"窠"자의 이구형체는 "穴"과 "巢"의 두 개 의미부호를 가진 회의자(會意字)로 변하였다(例F).

어떤 이구자(異構字)는 형체 부호나 의미부호가 더해지거나 생략된 것으로, "洼"의 이구형체나(例G) 時(時)의 이구형체(例H)와 같은 것이다.

어떤 이구자(異構字)는 완전히 새로운 사고로 글자가 만들어졌다. "野"의 이구형체(例I), "泪"의 이구형체(例J)가 그 예이다.

어떤 이구자(異構字)중 하나의 자형이 완벽하게 예변화(隸變化)·해서화(楷書化)되었고, 다른 한 글자는 고문자의 전승으로 예서(隸書)의 형체로 굳어진 것이다. 예를들면, "差"자(例K)·"縣"(例L)·"星"(例M)이 그 예이다.

例 A	綫	線		例 B	嫻	嫺	
例 C	迹	跡		例 D	碗	盌	椀
例 E	曼	曻		例 F	窠	窠	
例 G	洼	漥		例 H	時	旹	
例 I	野	埜	壄	例 J	泪	淚	
例 K	差	𦲷		例 L	县	県	
例 M	星	曐					

이상 여러 가지 예에서 볼 수 있듯이, 이구자(異構字)는 단어를 기록하는 기능이 비록 완전히 일치하지만, 구형속성이 다르므로 동일시 할 수 없는 다른 글자일 뿐, 동일한 글자의 다른 형체는 아니다. 이 글자

의 차이가 구건(構件)·구형모델·구형배치에서 발생한 이상, 다를 수밖에 없다. 그러므로 이구자(異構字)는 글자를 만들 때는 중복된 것이지만, 글자를 분석할 때에는 영향력을 발휘해, 우리가 이 글자를 기록하는 단어의 본래 의미를 알기 쉽게 도와준다.

여기서 우리는 "무엇이 한 글자인지 라는 문제"에 대해서 설명할 필요가 있다.

전통적인 관념에서는 동일한 어휘를 기록하는 글자를 하나의 글자로 보는데, 우리가 생각하기에 이 견해는 완벽하지 못하다. 우선 한자의 구형문제를 연구할 때, 한자의 기능방면을 출발점으로 하여 그 글자가 하나인지 아닌지를 정한다는 것은 체계의 엄밀성에 영향을 미칠 수 있다.

앞에서 얘기했듯이 한자의 본체는 형체이므로, 두 글자가 같은 것인지 아닌지 정하는 것은 먼저 본체속성 즉 구형속성에 근거하여 정해야 하는 것이다.

이렇게 하지 않으면 구체적인 문제를 토론 할 때, 항상 어휘가 글자를 대신하게 되는 병폐가 생기게 마련이다.

예를 들어, 문헌에서 글자 수와 어휘가 얼마나 되는지 통계할 때, 이 두 가지 목적은 완전히 같지는 않다. 글자를 통계하는 것은, 문헌에 사용된 글자를 문자 자형표로 만들어 글자의 사용량을 조사하거나, 혹은 이 글자에 대한 정보처리에 있어서 편리하게 하기 위해서이다. 이러한 작업에서 두 글자의 구조상의 차이는 간과할 수 없는 것으로 만약 지나쳐 버린다면 이것에 관한 정보를 잃을 수도 있다.

다음으로 이구자(異構字)는 한자사(漢字史)에 있어서 매우 복잡한 개념으로, 만약 두 개의 이구자(異構字)가 완전히 같은 시대의 것이고, 게다가 줄곧 같은 시대라면 상황은 비교적 간단하지만, 사실상 대부분의 이구자(異構字)가 자서(字書)에 기록되어 전해오므로, 보기에는 같은 시대라 할지라도, 완벽하게 같은 시대는 아니며, 역사적으로 두 글자 중 하나는 사용되고, 하나는 없어지는 현상이 생기는데, 이구자(異構字)도 이러한 경우에 해당된다. 예를 들어, "熔"자와 "鎔"자에서, "鎔"자가 쓰이던 시기는 "熔"자보다 시기가 빠르다. "熔"자는 나중에 나타난 손으로 쓴 글자체이지만, "鎔"자가 일찍 없어져서, 적어도 근·현대의 손으로 쓰던 현대 백화문 시대에 이미 "熔"자로 대체되어 사용되었다.

그러므로 어떤 자서 안에서는 두 글자의 뜻이 같다고 할 수는 없다. 이구자(異構字)란 반드시 음과 의미가 모두 똑같고, 언제든지 서로 바꾸어 쓸 수 있어야 하는 게 원칙인데, 어떤 이는 간단하게 두 글자가 같은 기능이 아닌 이구자(異構字)라고 단정짓는데, 이것은 단지 자서(字書)에 의존해서 기능이 같은지 아닌지를 확정짓는 병폐로 나타났다.

이구자(異構字)는 다른 시대에 기능의 분류가 자주 생기는데, 다시 말하자면 긴 역사 속에서 이구자(異構字)는 단지 어떤 한 시기만을 차지할 뿐이다.

예를 들면, ≪說文解字≫에 "常"자와 "裳"자가 이체자라고 하는 이유는 두 글자의 소리부호와 의미부호가 같은 종류로, 글자를 만들 때 널리 사용된 예가 있기 때문이다.

≪說文解字. 巾部≫"常"아래의 "裙"자도 "巾"과 "衣"가 의미를 나타내는 형체이다. "常"·"裳(상)"은 언제 이구자(異構字)에 속하였는지 현재로선 문헌상에서 아직 확실한 정보를 얻을 수 없지만, 적어도 동주(東

周)시대의 문헌에 이미 분류되어 두 글자로 되었다.

다시 말해, 두 글자가 설사 이구자(異構字)였다 하더라도 아주 짧은 기간이었을 것이다.

이렇게 이구자(異構字)는 복잡해서 여러 가지 분석과 종합을 통해서만 그 관계를 확정할 수 있으며, 모호하게 이구자(異構字)를 같은 글자라 하는 것은, 확실히 사실에 어긋나며 이치에도 맞지 않는다.

이구자(異構字)는 한자구형학(漢字構形學) 다시 말하자면 기술 한자학에서 기능이 같은 글자군을 말하고, 이러한 글자는 동등한 위치에 속한다. 정자법에 있어서 사회의 글자 사용 규범에서 여러 개의 이구자(異構字) 중 하나의 글자를 골라내어 널리 통행되는 글자인 "정자(正字)"라고 한다. 여기서 정자(正字)와 이구자(異構字)는 일종의 대립관계를 형성한다. 그러나 이구자(異構字)는 위에서 설명한 바와 같이 매우 복잡한 상황이므로, 나머지 형체는 단지 단어를 기록하는 기능면에서 동일시 하여, 어떤 상황에서는 제한적으로나마 사용할 수 있다. 그러므로 필요한 정보가 사라지는 것을 피하기 위해 무턱대고 없애는 것은 바람직하지 못하다.

한자구형학강좌

제11강

한자구형(漢字構形)의
통시적(歷時的)
전승관계(傳承關係)

한자구형학강좌

한자**구형학**강좌

제11강
한자구형(漢字構形)의
통시적(歷時的)
전승관계(傳承關係)

　역사적 시기가 다른 한자들은 전승관계에 있으며, 동일한 글자라도 시기와 구형체계가 다르므로, 글자와 글자사이의 역사적 전승관계를 "한자의 통시적 인식"이라 한다.

　글자와 글자와의 역사적 전승관계는, 먼저 단어를 기록하는 기능을 인식하는 것으로 알 수 있으며, 동일한 단어가 역사적으로 시기가 다른지를 증명할 필요가 있다.

　역사적으로 시기가 다른 언어는, 어휘체계도 다르다는 것을 명확히 해야 하며, 표면상으로 어휘는 하나이지만, 어휘체계의 변천으로 인해, 기록되는 어휘의 음과 의미도 발전하면서 어느 정도 차이가 생기게 된다.

　예를 들면, "拯(증)"zhěng은 현대한어에서 "拯救·구하다"는 뜻으로 사용되고, 갑골문(甲骨文)에서 "구하다"라는 "拯(증)"자는 "丞(승)"으로 썼는데, 소전(小篆)의 "丞(승)"자는 "手(수)"를 덧붙여서 "承(승)"자가 되었다.

그러므로 통시적 기능의 인식과 형체의 인식에는 차이가 생기게 되고, 이러한 통시적 인식은 반드시 형체의 전승이 중심으로 되어야만 한다. 통시적 한자의 전승은 아래의 네 가지 상황이 있다.

1. **한자는 발전하면서, 전체적으로 형체의 성질에 변화가 생기므로, 필법이 좀 달라졌지만, 구형(構形)은 같아서, 동일한 하나의 글자로 단정 지을 수 있다.**

예를 들어, 소전(小篆)의 "🌰"자는 둥근 필획(筆劃)이 선(線條)으로 바뀌었다. 그러나 해서(楷書)의 "果"자는 형체 변화가 생겨 직선으로 바뀌었으나, 구형(構形)에서 여전히 윗 부분은 "과일의 형체"이고, 아래는 나무 "木"자가 부수이다. 갑골문(甲骨文)·금문(金文)·소전(小篆)과 예서(隸書)·해서(楷書)의 "日"자는 필획(筆劃)의 형태에 차이가 있지만, 구형속성(構形屬性)은 일맥상통한다. 그러므로 구형속성에 변화가 없다면, 구의 해석에도 당연히 변화가 생기지 않는다.

2. **한자는 발전하면서 구성요소·구조모델과 구조단계·분포가 변하지 않지만, 형소(形素)의 양식만은 변화가 생긴다. 보기에는 같은 글자이지만, 구형분석을 통해서만 같은 글자인지 아닌지를 알 수가 있다.**

예를 들면, 앞에서 말했듯이 갑골문(甲骨文)의 "🌰"자는 윗 부분의 과일 형체가 상형의 뜻이 매우 강하지만, 위는 여전히 과일형체와 같고 아래 부분은 "木"이다. 이러한 변화는 구조요소의 내부에 나타나므로 가장 처음 결합 단계에서 발생한다.

갑골문(甲骨文)과 금문(金文)의 "受"자는 "＂"로 쓴다. 위아래 두 손으로 배나 혹은 쟁반을 건네주는 모양이며, 소전(小篆)에선 "＂"로 쓴다. 위 부분의 한 손은 형체가 변형되었고, 중간의 "舟"자는 간소화되어 "冖"로 되었고, 아래 한 손에는 변화가 없다.

어렴풋이 직관적으로만 본다면, 형체변화가 심하지만, 형소(形素) 분석법으로 다르게 쓴 형소(形素)를 인식한다면, 형체의 전승관계를 쉽게 분석할 수 있다. 이러한 전승을 "형체변이 전승"혹은 "변이전승"이라 한다. "변이전승"에서 주의할 점은, 일부가 나중에 부수의 구조로 바뀌는데, 예를 들면 해서의 우측 변에 쓰인 "攵"자는 소전(小篆)에는 모두 "＂"로 쓴다.

"水"자는 소전(小篆)에서 어떤 위치에서도 모두 "＂"로 쓴다. 그러나 해서(楷書)에서는 좌변의 "氵"로 변하였다.

"衣"는 소전(小篆)에서 어떤 때를 막론하고 모두 "＂"로 쓰지만, 해서(楷書)에서는 좌변의 "衤"로 변하였다(衣補旁).

이러한 변이를 "위치이동 변이"라 하고, 전승 이전의 한자는 글자를 이룰 수 있는 성자구건(成字構件)이지만, 전승 이후의 한자는 글자를 이루지 못한 비자구건(非字構件)으로만 충당되므로 단독으로는 사용할 수 없다. 하지만 이러한 변이 구건(構件)을 가지고 있는 글자의 구의(構意)에는 변화가 없으므로, 쉽게 전승관계를 파악할 수가 있다.

3. 한자는 발전하면서 서사의 간소화로 인해, 구형속성과 구형요소에 변화가 생겼다.

예를 들어, 금문(金文)의 "射"자는 손에 활을 들고 있는 형체이지만, 소전(小篆)에선 화살이 "身"자로 변했다.(예A)

갑골문(甲骨文)의 "盡(盡)"자는 "皿"자와 "水"가 부수로, 음식을 다 먹은 뒤 손으로 그릇을 씻는 형상을 표현 한 것으로, 전국문자(戰國文字)에선 약간의 변화가 생겼다. 소전(小篆)에서 손에 기구를 들고 씻는 형체가 손에 붓을 들고 있는 "聿"자와 비슷해서, 전국문자(戰國文字)부터 "聿"자와 "八"자를 의미로 하고, 또 아래 부분은 "火"자로 바뀌면서 구건(構件)에 큰 변화가 생겼다.

"更"자는 주(周)나라 금문(金文)에선 윗 부분이 종의 형상과 같고, 아랫부분은 "攴"자를 의미로 하고, 추로 종을 두드리는 형상을 나타낸다. 소전(小篆)때 "丙"이 소리부호로 변했고, "攴"자로 의미를 나타내었다. 예서(隸書)때 "丙"자와 "攴"자가 접합되어 한 글자로 되어 예서(隸書)체만 보고는 분석할 방법이 없다.(예C)

例A 𨥋 — 𩰪 — 射

例B 盡 — 盡 — 盡

例C 更 — 更 — 更

이러한 변화는 각각 다른 단계에서 발생하는데, 구건(構件)에 변화가 생김에 따라서, 구형모델도 변화가 생기고, 구의 해석 또한 자연스

럽게 변하게 된다. 하지만 형체는 후대의 자형으로 그 이전 시대의 자형 변화를 찾을 수가 있다.

어떤 이는 이러한 변화를 일률적으로 "와변(訛變)"이라고 한다. 사실 한자의 자형과 한어 어휘는 끊임없이 변화 발전하므로, 매 시기마다 어떤 글자는 형체와 의미의 통일이 한차례의 갑작스런 변화가 발생한다. 그러나, 이러한 갑작스런 변화가 당시 한자 내부의 구형체계에 부합하여야만 합리성이 인정되지만, 단지 그러한 규율에 부합하여 더 이상 분석할 수 없는 형체로 변한다고 "와변(訛變)"이라는 단어를 사용한다. 하지만 형체의 전승관계를 분석할 때는 신중을 기해야 할 것이다.

4. 한자는 발전하면서 모든 형체에 변화가 발생한다.

예를 들어, "曹"자는 소전(小篆)에 "𣍞"로 쓴다. 해서(楷書)와 구별하기 힘들지만, 예서(隸書)의 과도기적인 형체를 거쳐야만 그 전승 과정을 알 수 있다.

5. 다른 글자체로 바꾸어 써서 생기는 전승한자.

이 상황은 자서(字書)와 자전(字典)의 편집 과정에서 나타나는 것으로, 특히 당송(唐宋) 이후의 해서자전(楷書字典)은 고문자(古文字)의 자형을 보존하기 위해서, 고문자(古文字)를 해서체(楷書體)로 썼는데 이것을 "예정(隷定)" 혹은 "예고정(隷古定)"이라고 한다.

글자체가 변형되어 간소화된 구조를 그대로 보존하기 위해서, 행서(行書)·초서(草書)를 해서체(楷書體)로 쓰는데, 이것을 "행서해화(行書諧化)" 혹은 "초서해화(草書諧化)"라고 한다. 이렇게 인위적으로 바꾸어 쓰는 것은 원래 한자의 자연적인 변천에 속하진 않지만, 자서(字書)의 유통과 한자의 사회유통에는 서로 영향을 끼치므로, 일부 바꾸어 쓴 글자가 사회에서 통용되기도 하며 심지어 권위적인 규범화된 상황에서도 때때로 발생하기도 한다.

통시적 문자 인식은 문자고증에 있어서 매우 중요한 것으로, 현대 문자의 원류를 거슬러 올라가는 중요한 틀이 된다. 한자구형학(漢字構形學)에서의 그 응용의 의미가 더욱 크지만, 파악하기 매우 힘들어 여기에서는 대략적으로 언급했을 뿐이다.

제12강

한자(漢字)의
구형체계(構形系統)

한자구형학강좌

제12강
한자(漢字)의 구형체계(構形系統)

표의문자가 당면한 가장 어려운 문제는, 끊임없이 풍부해지는 어휘에 따라 의미도 끊임없이 증가되며, 자형은 제한할 수 없을 정도로 많아져, 글자부호의 양이 사람들이 기억할 수 없을 정도로 많아졌다는 점이다.

이 문제를 해결하기 위해서 한자는 반드시 구건(構件)을 규범화시켜 치밀한 구형체계를 이루어야 한다.

허신(許愼)의 ≪說文解字≫는 처음으로 구형체계를 정리한 것이다. 한자는 소전(小篆)부터 소리와 의미를 지닌 성자구건(成字構件)으로 구형(構形)의 기초를 이루었다. 한자는 이러한 구건(構件)으로 인하여, 갑골문(甲骨文)의 여러 형체 부호의 상형자(象形字)를 여러 의미 부호가 어우러진 회의자(會意字)로 바꿀 수 있었고, 아울러 의미 부호와 소리 부호가 갖추어지면서 서로 제약받는 형성자(形聲字)가 된 것이다.

의미가 같은 글자는, 소리부호로 단어를 구별하는데, "根"·"枝"·"條"·"標"와 같이 나무의 부위는 모두 "木"자를 부수로 하고, 소리부호로 그 단어를 구별한다. "玩"·"完·"冠"·"頑"자는 모두 "元"을 소리부호로 하고, 의미부호로 분류하여 구별한다.

형성자(形聲字)는 한자(漢字)의 주체로 전체수의 87% 이상을 차지한다. 동시에 한자의 의미부호와 소리부호의 표의(表意)기능이나 혹은 시원(示源)기능이 더욱 규범화되어, 한자는 형성(形聲)체제가 중심이 되는 구형체계(構形體系)를 이루었다. 기초구건(基礎構件)이 결합해서 새로운 자형을 만들어내는 방법을 채택했기 때문에, 글자수의 증가와 관계없이 기초구건(基礎構件)수는 400여 개 정도의 수준을 유지할 수 있다. 게다가 글자 구성의 기능만 보더라도, 글자 구성량이 비교적 많은 기초구건(基礎構件)은 단지 48%정도를 차지하여, 사람들의 기억력으로 받아들일 수 있는 수치이다.

형성(形聲)체계가 된 후 한자의 표의방식(表意方式)에는 질적인 변화가 생겼다. 즉 사람들은 더 이상 자형을 사물의 모습과 직접적으로 연계시키지 않았는데, 다시 말해서 이미 형(形)·음(音)·의(義)가 결합된 기초구건(基礎構件)으로 의미를 나타내면 되는 것이지, 글자의 형체로 직접 사물을 구별해낼 필요가 없게 된 것이다.

예를 들어 "心"자는 이미 심장의 모습을 나타내지 않고, "水"자 또한 물이 흐르는 흔적이 없어졌지만, "心"의 형체와 심장의 의미, "水"의 형체와 "물이 흐르는 것"의 의미는, 이미 고정된 관계를 나타내므로, "心"부의 글자와 "水"부 글자의 의미 모두 분별할 수 있다.

한자 구형체계가 형성된 후, 여전히 규범화와 간소화는 끊임없이 진행되어 왔다.

예를 들어, 기초구건(基礎構件)이 사물의 모습과 관련되지 않았다 해도, 필획(筆劃)만은 통일되게 합리적으로 줄여왔다. 같은 기능의 의미 부호는 또한 합칠 수가 있게 되었는데, 예를 들어 소전(小篆)의 "丶, 巛" 와 "巛"는 해서(楷書)에서는 합쳐져 "水"로 되었다.

"鳥(조)"와 "隹(추)"자는 표의구건(表義構件)이 될 때 점차로 합쳐져서 "鳥(조)"로 되었고, "隹(추)"는 단지 소리부호로 쓰였다. 소리부호의 일부는 어원이 같다는 동원(同源)체계의 상황을 유지하며, 시원(示源)작용에 따라 규범화되었다.

예를 들면, "弘(홍)"자와 "宏(굉)"자로 음을 표시하는 글자는, 점차로 정리되어 "厷(굉)"으로 되었고, "宛(완)"자와 "苑(원)"으로 음을 얻는 글자는 직접적으로 "夗(원)"으로 정리되었고, 이렇게 일부 소리부호를 줄이게 되었다. 한자구형체계의 정교함과 간소화는 동시에 실현되는 것으로 이것은 한자 발전의 역사적인 추세에 있어서 매우 중요하다.

한자구형체계는 확실히 존재하지만, 문제는 "어떻게 기술해 나가는가?"이다.

한자의 구형체계(構形體系)를 기술하려면, 먼저 한자구형 요소를 정리해야 한다.

앞에서도 얘기했듯이 한자(漢字)는 오랜 시기동안 사용되어 왔으므로, 역사적인 한자이든 혹은 현행한자이든 쓰는 법이 복잡하므로, 이 복잡한 글자나 구건(構件)을 정리하지 못하면 체계성을 찾아보기가 힘들다. 규정이란 이사형소(異寫形素)·이사구건(異寫構件)·이사자(異寫字)를 구별하고 귀납하여 가장 보편적으로 선별된 글자 형체를 "표준체(標準體)"라 하고, 나머지는 이사형체(異寫形體)의 정보부호로 삼는다. 한(漢)・위(魏)나라 碑文에 쓰인 예서(隷書)를 보면, "參"자의 번체자(繁體字)는 한 개의 기초구건(基礎構件)으로 된 이사자(異寫字)이다. (例A)

"塩"자의 번체자(繁體字)는 두 개의 기초구건(基礎構件)으로 된 이사자(異寫字)이다. (例B)

"線"(例C)・"宣(선)"(例D)은 직접 구건(直接構件)으로 된 이사자(異寫字)이다.

*로 표시한 것이 표준체(標準體)이다.

이렇게 역사 시기가 같은 한자가 규범화 과정을 통해 귀납된 "형소(形素)"(형체의 가장 작은 요소)를 "형위(形位)"라고 한다. 형소(形素)와 형위(形位)는 다른데, 구체적인 구형의 기초원소가 "형소(形素)"이고, 공시적(共時的)인 구형 체계에서 이사자(異寫字)의 기초구건을 귀납해 놓은 결과를 "형위(形位)"라고 한다. 형위(形位)를 모두 귀납 정리해야만, 전체 구형계통의 기초원소(基礎元素)를 알 수 있다.

형소(形素)의 귀납을 기초로 의견이 분분한 한자의 상태를 각 단계별로 정리하여, 명확하고 정연하게 전체적인 상태로 고찰 할 수 있다. 적지 않은 역사적 측면의 문헌문자(文本文字)를 정리하면서 앞에서 얘기한 제10강(第十講)의 지식을 이용해 역사적 측면의 한자가 확실히 체계를 이룬다는 것을 알 수 있다. 이 체계는 대략 다음과 같다.

1. **한자는 글자를 구성하고, 구의(構意)를 표현하는 가장 작은 요소를 기초로 구성되는데, 이 최소 원소가 "형소(形素)"이고, "형소(形素)"를 귀납하여 "형위(形位)"를 얻을 수 있다.**

각 역사적 시기별로, "형위(形位)"의 수량은 대략 250~400개 정도이고, 표음(表音)·표의(表義)·표형(表形)·표시(標示)의 네 가지 기능이 있다. 예를 들어, "示"자는 "視"자를 구성할 때는 표음(表音)기능이 있고, "禮"·"福" 등의 글자를 구성할 때는 표의(表義)기능이 있고, "日"자가 "暱"자를 구성할 때 표음(表音)기능이 있고, "晴"·"明"자 등의 글자를 구성할 때는 표의(表義)기능을 나타내고, "日"과 소전(小篆)의 "冓" 등의 글자를 구성할 때는 표형(表形) 기능이 된다.

이 250~400개의 "형위(形位)"는 두 배 혹은 세 배의 글자를 구성하는 능력이 있다.

2. **한자는 이러한 형위(形位)가 모여서 이루어지며, 근·현대(近·現代)한자의 대부분이 단계결합이고, 평면결합은 소수이다. 이 결합들은 구조기능의 분석에 따라, 일정한 구조모델로 분류할 수 있다.**

단계결합에서 글자의 의미는 한 단계 한 단계씩 생겨난 것이다. 평면결합에서는 글자의 의미가 일시적인 집합식(集合式)으로 형성된 것이다. 그렇기 때문에, 한자는 비로소 소량의 형위(形位)로 구형(構形)과 구의(構意)가 각각 다른 수도 셀 수 없는 글자를 만들어 낼 수 있다.

이렇게 만들어진 하나 하나의 글자는 공통된 요소나 혹은 같은 구형모델을 가지고 있으므로, 서로 일정한 관계로, 한자의 구형체계(構形體系)를 형성한다.

예를 들어, "驟"자의 경우 의미 분류에 있어서 "馬"이라는 체계로 귀납되고, 소리 분류에 있어서 "聚"자나 "取"자로, 또 다른 체계로 귀납되며, 동일한 어원 체계의 "聚"와 관련이 있고, 같은 의미 체계의 "衆"자와 연관이 있다.

이렇게 서로 연관된 글자는, 같은 종류끼리 귀납될 때와 구조를 분석할 때는 서로 배경이 되거나 참조할 만한 가치를 지니게 된다.

3. 소전(小篆)이후의 한자구형 모델을 보면 형성(形聲)위주로, 이미 의음합성자(義音合成字)가 90프로 이상이 되고, 남은 몇 종류의 구형모델도 기본적으로는 형성자구건(形聲字構件)이므로, 형성체계(形聲體系)와 관련이 있음을 알 수 있다.

그러므로 우리는 위에서 서술한 관계를 하나의 글자 자형표로 나타낼 수 있다. 이 자형표(字形表)는 표의(表義)·표형형위(表形形位)를 기본으로 삼고, 의미가 비슷한 형위(形位)를 함께 귀납한 후, 표음형위(表音形位)를 두 번째로 삼아 소리가 비슷한 형위(形位)를 함께 귀납하여 단계적으로 배열한 것이다. 이 자형표(字形表)로 한자 전체 구형의 질서정연한 모습을 볼 수 있으며, 한 글자 한 글자 사이의 상호 관계도 볼 수 있다. 이 자형표(字形表)야말로 한자구형체계의 전체적인 기술이라고 할 수 있다.

한자의 구형(構形)은 체계를 이루고, 이 체계의 엄밀성 여부는 아래 여러 방면으로 관찰해야 한다.

첫째, 형위(形位)의 수량과 전체 글자수의 비율이 낮을수록, 형위(形位)의 구성능력은 커지게 되어, 한자의 구형체계도 갈수록 치밀해진다. 이는 한자를 규범화 할 때 마음대로 형위(形位)를 증가하면 안된다는 것을 알 수 있게 해준다.

둘째, 구형모델이 단순해질수록, 한자의 구형체계도 갈수록 치밀해진다. 갑골문(甲骨文)의 열 가지 구형모델이 소전(小篆)에는 육서(六書) 중의 전사서(前四書)만으로 정형화되었다.

셋째, 단계구조 위주로 될수록 체계가 서로 연계되어 점차로 치밀해지지만, 평면구조는 개성이 비교적 강해서 체계를 이루기는 힘들고, 평면구조가 많을수록 체계의 치밀성도 갈수록 불리하다.

넷째, 이사자(異寫字)와 이구자(異構字)의 비율이 작을수록, 규범화 정도가 향상되어 구형체계(構形體系)는 갈수록 치밀해진다.

이 네 가지 정리된 법칙에 근거한 통계자료에서 다음과 같은 결론을 얻을 수 있다.

첫째, 한자의 구형체계가 치밀한 것은 대략 동주(東周)시대부터 시작되어 차츰 완성되어 나간다.

둘째, 한자는 오랜 시간동안 개인서사의 임의성·자발성으로 오랜 시간동안 사용됨으로써, 사회 전반적으로 통용될 수 있게 되고, 갈수록 체계화되지만, 여전히 비교적 완벽한 체계를 이루지 못하고 오직 권위적인 규범화를 통해서 한자 구형규율에 부합해야만 비로소 체계가 치밀하게 된다.

그러므로 ≪說文≫의 소전(小篆)은 치밀함이 최고조에 달한다. ≪說文≫의 가치는 전체적인 면보다는 체계적인 정리에 더 가치를 둔다.

≪說文≫에서 구현해낸 육서(六書)가 후세문자에 큰 영향력을 끼칠 수 있었던 것은, 규범화를 통해 전면적으로 한자구형 규율을 잘 나타내고 있기 때문이다.

셋째, 의음(義音)합성모델(전통적인 形聲字)은 표의한자로서 자신의 치밀한 체계를 보여주는 가장 우수한 구형모델로, 형성체계에서 한자는 더 이상의 질적인 변화는 생기지 않고 구형 규율에 부합하게 된다.

넷째, 한자 구형 규율에 따라 가능한 한 통행되는 글자형체를 골라서, 구의(構意)를 명확하게 하고, 복잡하고 불합리한 이사자(異寫字)와 이구자(異構字)를 정리하여 형위(形位)의 수량을 줄여야 하며, 이는 한자 규범화에 있어서 반드시 해야 하는 일이다.

한자구형체계는 한자구형학(漢字構形學)의 최후의 결과로, 앞에서 언급한 모든 지식은 이러한 문제를 바탕으로 언급되고 정리되어야 할 것이다.

한자**구형학**강좌

제13강

한자구형규율(漢字構形規律)과

한자교육(漢字教學)

한자구형학강좌

한자**구형학**강좌

제13강

한자구형규율(漢字構形規律)과
한자교육(漢字敎學)

앞에서 얘기했듯이 한자구형학(漢字構形學)은 응용성이 매우 광범위한 분야로, 보급측면에서 본다면, 먼저 단계적으로 한자교육에 응용해야 한다. 초등학교의 글자인식 교육은 한자교육의 시작이기도 하다.

지식탐구의 전제조건은 먼저 글자를 익혀야 하며, 또 글자를 익히는 것은 평생 익혀야만 한다.

초등학교 글자교육은 평생 학습활동을 위한 기초를 다지는 것이기 때문에, 초등학교 글자 교육의 목표를 평생 자아 교육의 오랜 목표로 생각해서, 단지 몇 글자만 알게 하는 것이 아니라, 평생 학습 활동으로 생각해야 한다. 이 목표를 기점으로, 글자교육은 한자 본래 규율을 지켜야 할 뿐 만 아니라, 학습자가 잠재의식 중에도 한자의 표의 특징과 규율성 및 체계성을 익힐 수 있어야만 한다. 동시에 글자 인식 교육 또한 한자구형의 규율에 따라야만, 비로소 질적으로 향상될 수가 있는 것이다.

⬛1 한자 속성에 의해, 글자인식 교육 초기의 자형표 (字形表)를 확정한다.

글자교육은 단계별로 나누어 진행해야 하며, 단계마다 교육 방법에 정책적으로 변화를 주어야 한다. 초기 글자를 잘 선택해야 교육의 질을 높일 수 있다. 제일 처음에 정한 글자를 선택해야만 "零"이라는 개념을 타파할 수 있는 것이다.

이 글자는 반드시 비교적 쉬운 것으로, 동시에 효과적으로 앞으로 학습을 잘 이끌어 갈 수 있는 것이어야 한다. 이러한 한자는 반드시 한자의 속성에 근거해 확정해야하며, 한자의 여러 속성도 종합하여 글자를 확정해야만 한다. 이러한 조건은,

A. 구조가 상대적으로 간단해야 한다. 즉 구건(構件)이 2개를 넘지 않는다.

B. 구의(構意)의 명확도가 높아야 한다. 즉 이해적 근거(理據)를 상실한 기호구건(記號構件)은 포함하지 않는다.

C. 글자를 구성하는 빈도가 높아야 한다. 특히 표의구건(表義構件)의 사용빈도가 높아야 제 2단계의 학습을 진행시키기에 유리하다.

D. 먼저 자유형태소의 상용자(常用字)를 쓰도록 가르치고, 다음으로 부자유 형태소의 개체 글자를 선택하여 쓸 때는 동시에 자주

쌍음절어를 구성하는 다른 한 글자를 선택해 초기 자형표에 넣는다.

E. 초기 글자와 대응되는 어휘는 6~7세 아동의 구어에서 이미 구사할 수 있는 것으로, 소리와 의미도 학습자에 의해 이미 파악된 것이어야 한다.

F. 문장 구성을 위해 허사를 적당히 선택한다.

동시에 6가지 조건을 만족시키려면, 반드시 한자구형학(漢字構形學)의 구형속성(構形屬性)·기능속성(職能屬性)과 자용속성(字用屬性)을 활용하여 종합적으로 선정해야 한다.

② 한자구형규율에 의해 과학적으로 자형의 이치를 해석해야 한다.

제 9장에서 이미 과학적으로 한자 구의(構意)를 해석하는 문제를 다뤘다. 이 문제는 한자 교육에서 자주 부딪히는 문제라는 것을 감안하여, 여기에서 좀 더 보충하고자 한다.

앞서 얘기했듯이 원래 한자는 의미로 형체를 구성하는 것이므로, 형체와 의미가 통일되는 것이 특징이지만, 현대한자 자형은 오랜 시간을 거쳐 변화된 것이므로, 대부분이 여전히 분석 가능한 글자의 이치를 가지고 있지만, 고문자(古文字)에 비해 직접 분석 할 수 있는 형체가 적은 편이다.

그러므로 현대한자를 분석할 때, 일정한 작업을 통해 형체와 의미가 통일되어야 하는 조건이 갖추어져야 한다. 이것은 글자의 이치 분석에 있어서, 자형의 변천으로 인해 직접적으로 구의(構意)를 분석 할 수 없는 자형의 형체 복원(復形)을 위해 매우 중요한 작업이다.

형체를 복원(復形)한다는 것은, 자형(字形)의 통시적(通時的) 인식으로, 한자 발전의 역사적인 맥락을 따라 거슬러 올라가는 것으로, 구의(構意)를 가지고 있는 자형으로 복원하여, 초기 자형을 통해 형체와 의미의 관계를 나타내는 것이다.

제십일강에서 지적했듯이 한자(漢字)는 기원부터 현대 해서(楷書)까지 오면서, 많은 발전 단계를 거쳤다. 형체의 외관으로는 역사적 시기가 다른 한자마다 매우 큰 차이를 보이지만, 각 역사단계가 서로 연관되어 있어 일맥상통하는 면도 있고, 글자체의 변천은 일정한 내재적 규율과 발전추세를 보이고 있다. 우리는 형체를 복원할 때, 반드시 한자형체 변천의 규율과 추세에 맞추어 주관적이지 않고 설득력 있게 해 나가야만 한다.

예를 들어, "壞"·"禳"·"瓾"·"鑲"은 "襄"자를 뜻으로 하며 구의(構意)를 이해하기가 매우 어렵다. 형체를 먼저 ≪說文≫ 때로 복원시켜 찾으면, ≪說文≫에 "襄"로 쓴다. "襄"자 부수로 중간 형체는 여전히 불분명하다.

다시 금문(金文)에는 "襄"로 되어 있는데, 과도기적 글자 형체인 "襄"이 있다.

원래 소전(小篆)의 "口"자 두 개는 제사지내는 제기의 두 개 손잡이의 "와변(訛變)"으로, 이 글자의 구의(構意)는 "토지 위에 제기를 놓고 악귀를 물리치려는 것"으로 "제거"라는 뜻이 있다.

우리는 치밀해진 이론체계로 구의(構意)가 명확하지 않은 구건(構件)

을 타당하게 처리하기 위해서 구건의 구의 기능에 "기호구건(記號構件)"을 추가로 만들었다.

여기에서 한자(漢字)는 역사적으로 나타나는 현실 일뿐만 아니라, 같은 시대의 계통이라는 점을 명확히 밝혀야 한다. 앞에서 이미 말했듯이, 한자의 구형(構形)은 체계를 이루고, 한자는 서로 연관되어 한자의 형체와 의미를 고찰하고 해석할 때는, 하나를 잘못 얘기하면 오히려 전체가 잘못되는 모순을 피하기 위해서는 주관적으로 추측하여 맘대로 결론짓지 말아야 한다. 과학적이지 못하고 설득력이 없으면, 한자교육에도 상당히 불리하기 때문이다.

"세속 문자학(流俗文字學)"을 주장하는 이들은 한자(漢字)가 형체와 결합하거나 의미와 결합하는 문자라고 생각하며, 현대한자(現代漢字)의 글자 이치를 회의(會意)의 방법으로 해결하려 하며, 자형의 변천과 구조의 특징을 고려하지 않고, 주관적으로 연상하여 멋대로 해석한다. 앞에서 설명한 몇 가지 예는 모두 이 주장에서 간추린 것이다. 이 주장은 이론상 아래 세 가지 면에서 결점이 있다.

첫째, 한자의 실체에 위배되는 것으로, 현대 한자는 대략 15%정도의 자형을 갖고 있다는 것을 무시하여, 설사 직접구건(直接構件) 단계에서 결합되어도 이미 글자의 이치적 근거를 분석할 방법이 없는데도 불구하고 억지로 잘못 분석하고 있다.

둘째, 한자의 형체와 의미가 통일된 것을 부인하거나 또는 근본적으로 모르고, 허구로 꾸미거나 조작해서는 안된다. 왜냐하면 글자를 구성하는 근거는 이미 객관적으로 존재하는 역사적인 사실로 정확한 해석을 할 수 있기 때문이다. 허구로 꾸미거나 조작해서는 안 된다.

셋째, 한자(漢字)는 각기 다른 정도의 치밀한 체계를 갖추고 있다는 것을 무시하고, 한자의 구형체계가 형성체계를 기반으로 하여 만들어진 사실을 부인하거나 잘 모르고 임의대로 해서는 안된다. 왜냐하면, 모든 글자는 이 체계에서 각자의 적합한 위치가 있고 여러 방면으로 유대관계를 가지고 있으며, 어떤 글자의 해석에도 기타의 글자와 연관성을 갖고 있기 때문이다.

한자 교육은 장대한 계획이므로 교육함에 있어 반드시 한자에 대한 정확한 이해를 해야만 한다. 한자 자체의 체계성과 구조의 규율성은 한자 교육에 형상성과 흥미를 더해준다. 교사의 창조성 또한 절대적으로 과학적인 기초를 바탕으로 실현되어야 하며, 이것이 바로 한자 과학의 수준을 높이고, 다른 견해를 식별할 수 있는 능력을 높일 수가 있는 것이다.

3 다른 교육 단계와 한자의 속성에 근거하여 교육 정책 또한 다르게 선택해야 한다.

한자 교육에는 "왕도가 없고, 방법이 달라도 결과는 같다고" 주장하는데, 글자교육의 구체적인 방법과 시도는 선택할 수 있지만, 한자의 과학적인 규율에 위배되어서는 안 된다. 이것이 바로 "정해놓은 교육 규칙을 벗어나서도 위배해서도 안 된다"는 원칙이다.

한자 교육의 방법은 획일화되어서는 안되며, 단계마다 서로 달라야 할 뿐 아니라, 속성이 다른 글자도 다른 방법을 택하여 가르쳐야 한다.

예를 들어, 초기 단계의 전승 독체자(獨體字)를 가르칠 때, 고문자(古文字)를 배경으로 채택하여, 사물의 모습과 고대 상형자(象形字)와 해서체(楷書體)를 소통시킬 수 있지만, 점합된 독체자(獨體字)는 이러한 방법이 적합치 않다. 또 이해적 근거의 명확성이 높은 회의 합성자(會義合成字)에 대해서는 개별적인 것을 단위로 글자의 이해적 해석을 많이 적용하며, 형성자(形聲字)에 대해서는 체계적으로 귀납하는 방법을 사용하는 것이 적합하다. 또 소리를 나타내는 표음도(表音度)가 높은 형성(形聲)체계는 소리부호체계를 편성한 음운을 이용하여 해석하지만, 소리를 나타내는 표음도(表音度)가 높지 않은 소리부호체계는 이 방법이 부적합하다.

한자과학(漢字科學)은 내용이 매우 풍부한 과학으로, 반드시 깊이 파악한 상태에서 교육 방법의 다양화를 통해, 기초이론을 널리 보급해야 한다.

한자구형학(漢字構形學)이 해결해야 할 것은 한자 과학의 가장 기본적인 문제로, 한자 교육에 상응하는 역할을 해주기를 바란다. 하지만 무엇보다도 글자교육의 과학화를 실현하기 위해서는, 한자구형(漢字構形)과 구의(構意)가 관련된 구체적인 지식을 파악하여, 교육의 질을 높이고 좋은 효과를 얻을 수 있어야 한다. 그래서 또 다른 책에서 독자들에게 상용글자(常用字) 2,500개의 형의(形義) 관계에 대해 구체적인 지식과 교육 방법을 제시할 것이며, 그 책과 한자구형학강좌 ≪漢字構形學講座≫를 같이 읽게 된다면, 효과가 더욱 클 것으로 기대된다.

한자구형학강좌

저자소개 ●●●

왕 녕(王寧, 1936년-)

1958年 北京師範大學 中文科 卒業

現在 北京師範大學中文科教授 博士生指導教授, 漢字와 中文情報處理研究所所長,

中國社會科學研究基地民族典籍文字研究中心主任, 中國哲學과社會科學研究企劃

專門家 審査委員長, 全國文科教育指導委員會 中國語 專攻委員, 中國言語學會 副

會長 등을 歷任.

出版著書 및 責任編輯教材 叢書 20餘種.

主要著作

『說文解字와 漢字學』,『訓詁學 原理』,『漢字構形學 講座』等

教材主編

『漢字漢語基礎』,『中國文化概論』,『漢字學概要』,『古代漢語』等

主要論文

中國社會科學 및 言語文字學 雜誌 등 刊行物에 言語學 文字學 論文과 文藝評論

文字와 聯關된 論文 150餘篇 發表

역자소개 ●●●

홍영희(洪映熙, 1966년-)

1989年 : 江原大學校 中語中文學科 學士 卒業

1997年 : 中國 南開大學 漢語文字學 專攻 碩士 卒業

2000年 : 中國 北京師範大學 漢語文字學 專攻 博士 卒業

2005年- 現在 : 江陵原州大學校 中語中文學科 教授

▌譯書

『漢字學의 誕生과 發展』 차이나하우스, 2009年

▌論文

居延漢簡 文字學上의 地位, 居延漢簡의 異寫字와 異構字, 居延漢簡의 書寫特徵, 居延漢簡 習字簡 考察, 六書法과 構形學의 構形모델 比較 등 多數.

한자구형학강좌
漢字構形學講座

초판인쇄　2011년　8월　21일
초판발행　2011년　8월　30일

저　　자　王 寧
역　　자　홍영희
발 행 인　윤석현
발행한곳　제이앤씨
책임편집　김진화 이신
배본영업　류준호
등록번호　제7-220호

우편주소　서울시 도봉구 창동 624-1 북한산현대홈시티 102-1206
대표전화　(02) 992 / 3253
팩시밀리　(02) 991 / 1285
홈페이지　http://www.jncbms.co.kr
전자우편　jncbook@hanmail.net

ISBN 978-89-5668-867-1 93720　　　　　　정가 11,000원